LE DESIGN INTERACTIF

D1730873

Le pictogramme qui figure ci-contre mérite une explication. Son objet est d'alerter le lecteur sur la menace que représente pour l'avenir de l'écrit, particulièrement dans le domaine de l'édition technique et universitaire, le développement massif du photocopillage. Le Code de la propriété intellectuelle du 1er juillet 1992 interdit en effet expressément la photocopie à usage collectif sans autorisation des ayants droit. Or, cette pratique s'est généralisée dans les établissements d'ensei-

DANGER

LE PHOTOCOPILLAGE TUE LE LIVRE

gnement supérieur, provoquant une baisse brutale des achats de livres et de revues, au point que la possibilité même pour les auteurs de créer des oeuvres nouvelles et de les faire éditer correctement est aujourd'hui menacée. Nous rappelons donc que toute reproduction, partielle ou totale, de la présente publication est interdite sans autorisation de l'auteur, de son éditeur ou du Centre français d'exploitation du droit de copie (CFC, 20 rue des Grands-Augustins, 75006 Paris).

© Dunod, 2016
5, rue Laromiguière, 75005 Paris
<www.dunod.com>
ISBN 978-2-10-072607-3

Maquette : Atelier Tout va bien

Le Code de la propriété intellectuelle n'autorisant, aux termes de l'article L. 122-5, 2° et 3° a), d'une part, que les «copies ou reproductions strictement réservées à l'usage privé du copiste et non destinées à une utilisation collective» et, d'autre part, que les analyses et les courtes citations dans un but d'exemple et d'illustration, «toute représentation ou reproduction intégrale ou partielle faire sans le consentement de l'auteur ou de ses ayant droit ou ayant cause est illicite» (article L. 122-4).
Cette représentation ou reproduction, par quelque procédé que ce soit, constituerait donc une contrefaçon sanctionnée par les articles L. 335-2 et suivants du Code de la propriété intellectuelle.

LE DESIGN INTERACTIF

Du web design aux objets connectés

Benoît Drouillat

DUNOD

AVANT

-PROPOS

7

Le design interactif est l'une des pratiques émergentes favorisées par le développement des usages du numérique et de leur incarnation dans le monde physique. Son champ s'est étendu, passant des écrans à une multitude de nouveaux dispositifs, depuis les objets connectés jusqu'aux installations interactives.

L'ambition de cet ouvrage est de proposer un panorama pragmatique du design interactif, examinant ses enjeux, ses méthodologies ainsi que les réalisations qui témoignent le mieux de la pertinence de sa démarche.

Il s'adresse bien sûr aux professionnels du numérique (chefs de projet, webdesigners, directeurs artistiques, développeurs), aux étudiants qui se destinent au design interactif et à tous ceux que ces problématiques intéressent.

Le présent ouvrage est articulé autour des définitions, des enjeux et des méthodologies du design interactif. Nous commencerons par préciser les contours du design interactif et ce qu'il recouvre. Puis, nous clarifierons la façon dont interviennent les différentes pratiques de conception centrées sur l'utilisateur dans un projet de design interactif : architecture de l'information, design d'expérience utilisateur, design d'interaction, design d'interface et ergonomie des interfaces. Pour conclure ce tour d'horizon, nous dresserons une cartographie des formes multiples dans lesquelles un projet de design interactif peut s'incarner : logiciels, sites Web, applications mobiles, objets connectés, espaces sensibles et réactifs...

La seconde partie de l'ouvrage a pour vocation d'aider les professionnels à structurer leur démarche projet. Elle explique comment mener pas à pas un projet de design interactif. Comme un guide pratique, elle livre toutes les étapes du processus, en détaillant les activités et l'élaboration des livrables principaux.

Nous avons souhaité à la fois transmettre aux professionnels les fondements historiques et théoriques du design interactif et les outiller pour qu'ils puissent mettre en pratique la démarche que nous exposons. Ce fil rouge, associant réflexion, culture et faire, est garant de projets porteurs de sens. — Benoît Drouillat

Je dédie ce livre
à Damien

Je remercie
Amélie Boucher,
Sylvie Dauma,
Anne-Gaël Ladrière,
Nicolas Leduc,
pour leur relecture
bienveillante.

COMPRENDRE LE DESIGN INTERACTIF ET SES ENJEUX

Sous l'appellation générique de design interactif est regroupée une pluralité de démarches de conception appliquées aux usages du numérique. Définir le design interactif et ses pratiques nécessite de se pencher d'abord sur la difficulté terminologique qu'il pose et de le réinscrire dans le contexte du design centré sur l'utilisateur. Il donne lieu à une démarche spécifique, qui met en œuvre des méthodologies et des activités de recueil, de recherche, d'analyse et de formalisation. C'est sur ces fondations qu'émergera notre définition du design interactif. Activité pourvue de nombreuses facettes, nous l'illustrerons au travers des démarches de conception auxquelles le design interactif fait appel. Chacune dispose d'un univers propre et contribue à un projet par des méthodes et des livrables. Cinq pratiques de conception distinctes se détachent : nous les exposerons. Enfin, nous proposons un panorama des terminaux et des interfaces qui composent le paysage du design interactif.

1

Qu'est-ce que le design interactif ?

La perception du design, dans les médias et l'imaginaire collectif, est souvent en décalage avec sa véritable diversité et ses apports. De lui, le grand public retient surtout les objets emblématiques qui s'inscrivent plus souvent dans le champ du mobilier, du style automobile et de la mode que dans l'industrie, la santé ou le numérique. La perception du design s'est construite, surtout en France, autour de personnalités qui pratiquent un « design d'auteur » : Philippe Starck, Ora-Ito, Ronan & Erwan Bouroullec, Matthieu Lehanneur ou encore Matali Crasset.

Designer : Mathieu Lehanneur © Schneider Electric

Wiser, Schneider Electric, 2014. Optimiser la consommation électrique domestique.

Les acteurs de la promotion du design en France (Agence pour la Promotion de la Création Industrielle, *designers interactifs*, Cité du design, Lieu du design, Alliance Française des Designers) ont déployé ces dernières années de nombreux efforts et initiatives de terrain pour rendre visibles les facettes méconnues du design. Il s'immisce aussi dans des domaines moins attendus comme le transport, la santé et les services, où ses apports peuvent contribuer à améliorer la qualité de vie, à favoriser un usage plus responsable des ressources ou à perfectionner les procédés de fabrication.

Ses champs d'application couvrent tous les grands secteurs de l'économie et particulièrement :
— l'énergie ;
— l'industrie (automobile, électronique, pharmacie & cosmétique, aéronautique, ferroviaire, navale, systèmes de défense...) ;
— les services (banque et assurance, tourisme, enseignement, transports, télécommunications, commerce, santé).

Designer : Elium Studio © Withings

Tensiomètre sans-Fil, Withings, 2011.
Auto-mesure facile et précise de la tension artérielle avec un smartphone.

Ces secteurs, traditionnellement en pointe en matière de design, sont aussi ceux qui se sont saisis très tôt des usages du numérique, qui complètent les besoins, les stratégies et les approches existantes. Depuis le milieu des années 2000, l'intervention du design s'est rendue beaucoup plus visible dans ces secteurs, car elle est une composante très différenciante d'un produit ou d'un service. D'ailleurs, le design interactif ne se réduit plus aux produits électroniques et aux interfaces numériques (sites Web, logiciels, applications mobiles...), mais permet aussi de donner corps à des services et à des environnements numériques.

© Architecte : Living Architecture System Group / Philip Beesley

Hylozoic series : Sibyl, une installation réactive aux mouvements des visiteurs.

C'est le cas par exemple des produits connectés qui permettent l'accès à un service Web donné, comme les compteurs électriques communicants. C'est aussi le cas des espaces physiques qui sont augmentés à l'aide de capteurs et d'affichages numériques, au travers de scénographies nouvelles, d'installations interactives qui valorisent les collections des musées ou qui réinventent les lieux de vente. Le design interactif s'incarne sous de nombreuses formes tout en conservant un lien étroit avec le design graphique, le design de produits, le design d'espace et le design de services. Pour s'incarner, il requiert souvent l'orchestration d'au moins une de ces démarches : maquetter une interface, effectuer des recherches formelles sur un objet, mettre en scène le dispositif dans son contexte, articuler différents points de contacts... Le design interactif n'est pas une démarche qui compléterait ou supplanterait les autres façons de faire du design, il peut potentiellement toutes les mobiliser en synergie.

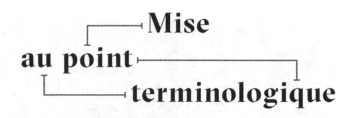

Mise au point terminologique

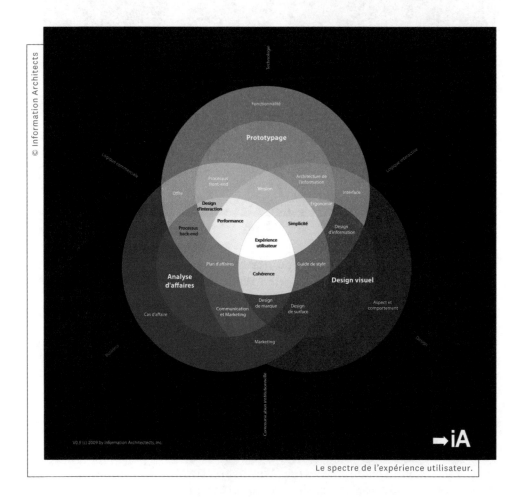

Une terminologie
profuse
et confuse

© Information Architects

Le spectre de l'expérience utilisateur.

Dans le champ professionnel comme dans le champ académique, la terminologie est profuse et confuse pour décrire les pratiques qui se rattachent à la conception de dispositifs numériques et interactifs.

Sans nous livrer à un inventaire lexical exhaustif, on dénombre aisément une dizaine de termes qui en expriment les notions clés, parmi lesquels :

— Architecture de l'information (en anglais: *Information Architecture* ou IA);
— Design d'expérience (en anglais: *Experience Design*, abréviation: XD);
— Design d'expérience utilisateur (en anglais: *User eXperience Design*, abréviations: UX, UXD, UED);
— Design d'interaction (en anglais: *Interaction Design*, abréviation: IxD);
— Design d'interface (*User Interface Design*, abréviations: UID, UI);
— Design interactif (en anglais: *Interactive Design*);
— Design numérique (en anglais: *Digital Design*);
— Ergonomie des interfaces (en anglais: *Usability Engineering*);
— Interaction Homme-Machine (en anglais: *Human-Computer Interaction*, abréviation: HCI);
— Web design.

Au sein de cette liste, on distinguera deux catégories. D'une part, design d'interaction, design interactif, design numérique et Interaction Homme-Machine sont envisagés comme des approches de conception génériques, qui mobilisent de nombreux savoir-faire. Ils représentent des champs d'activités qui se décomposent en une multitude de thématiques et de méthodologies. Ce sont des termes ombrelles, sous lesquels peuvent être regroupés architecture de l'information, design d'interface, design d'expérience, design d'expérience utilisateur, ergonomie des interfaces et Web design. Ces derniers se réfèrent à un aspect plus spécifique de la démarche de conception. Considérés séparément, on pourrait les qualifier d'expertises spécialisées car leur spectre d'intervention est circonscrit à un domaine très précis. Par exemple, dans ce contexte, l'architecture de l'information s'intéresse à la façon d'organiser les espaces d'information au sein des interfaces. L'expérience utilisateur s'intéresse quant à elle aux leviers qui influencent la perception émotionnelle de l'utilisateur dans son interaction avec des interfaces, des produits numériques ou des services.

Dans la pratique professionnelle, ces termes coexistent depuis plusieurs dizaines d'années et présentent de nombreux dénominateurs communs mais aussi des zones de discontinuité. Les porosités entre chacune de ces démarches contribuent à alimenter une certaine confusion dans le recours à un terme ou à un autre. Sans compter que l'appartenance ou l'influence d'une autre discipline est fréquemment revendiquée. Par exemple, pour le design d'interaction, Bill Moggridge fait explicitement référence au design industriel et au design d'interfaces logicielles, car il est né du besoin de les rapprocher. L'expérience utilisateur fait référence aux IHM.

Selon les contextes professionnels et culturels dans lesquels les projets sont menés, des pratiques identiques peuvent être désignées par des termes différents. Ainsi, elles sont souvent présentées comme interchangeables, ce qui n'est pas le cas, car chacune possède une genèse et des points de référence, qu'il convient de rappeler.

Un héritage historique et culturel complexe

Au-delà de leur simple vocation à mettre en évidence un positionnement ou à éclairer un aspect spécifique de la démarche, chacune des notions que nous avons évoquées s'inscrit dans un héritage historique et culturel complexe. La disparité terminologique révèle le caractère historique et évolutif des métiers du numérique, obligés à s'adapter très régulièrement aux ruptures d'usage et aux évolutions technologiques.

Le design interactif s'inscrit dans le cadre historique d'une transformation matérielle et logicielle continue depuis la fin de la Seconde Guerre mondiale. Dans les définitions qui caractérisent ses concepts, les points de repère temporels sont presque systématiques: *la Seconde Guerre mondiale* (facteurs humains), *la fin des années 1970* (expérience utilisateur), *le début des années 1980* (IHM), *le milieu des années 1980* (design d'interaction), *la fin des années 1990* (design numérique). À ce titre, *Interaction Homme-Machine* (IHM) est apparu au début des années 1980 comme un sous-domaine de la science informatique, s'intéressant à l'interaction entre les humains et les machines. Informatique, psychologie cognitive, sociologie, anthropologie et design industriel: chacune de ces disciplines intervient comme support à l'objet principal de l'IHM.

Le terme *design d'interaction* fut, lui, forgé par Bill Moggridge et Bill Verplank à la fin des années 1980 pour désigner l'application du design industriel aux

© EPA

Douglas Engelbart, avec le premier prototype de souris, Stanford Research Institute, 1968.

produits dotés de logiciels. Le besoin de ce nouveau terme émerge légitimement du fait que les interfaces graphiques apparaissent sur des objets qui relèvent du design industriel.

Design numérique est une terminologie française introduite par le designer Jean-Louis Frechin à la fin des années 1990, au moment où il inaugure l'Atelier de Design Numérique à l'École Nationale Supérieure de Création Industrielle. S'il justifie parfaitement l'emploi de cette terminologie nouvelle par une posture théorique et pratique originale, les pays anglo-saxons lui préfèrent celle d'*interaction design* ou design d'interaction. Pour Jean-Louis Frechin, le design numérique est l'application du design aux «nouvelles questions humaines, culturelles, économiques, politiques et technologiques posées par l'industrie numérique». En somme, il s'inscrit dans la dynamique du développement des *technologies de l'information* et à la suite des différentes révolutions industrielles.

Design interactif semble plus récent et n'apparaît lui aussi qu'à la fin des années 1990. Terme commun, il n'est associé ni à une personnalité ni à un courant particulier.

Les pratiques professionnelles que nous tentons de décrire ici sont traversées de références culturelles diverses, liées à leur cheminement historique et académique bien sûr, mais aussi aux contextes professionnels dans lesquels elles se sont développées. En France, jusqu'au milieu des années 2000, les interfaces homme-machine évoquent surtout l'univers industriel, avant que le design d'interaction ne soit importé des pays anglo-saxons. De même, le Web design a émergé dans le contexte des métiers de la communication et de la publicité (directeur artistique Web, graphiste multimédia : ces fonctions y font référence). Ces quelques perspectives expliquent en grande partie la diversité des courants représentés dans les différentes approches de conception des projets de design interactif.

Designer : Jean-Louis Frechin © NoDesign

WaNetLight – Interface(s), NoDesign (Carte Blanche du VIA 2008). Suspension lumineuse commandée par des gestuelles naturelles.

© Lunar

Tera, tapis d'entraînement interactif.

Design d'interaction, design interactif, design numérique et Interaction Homme-Machine ont beau s'enchevêtrer et partager la vision commune du design centré sur l'utilisateur, elles comportent nombre de distinctions et de complémentarités. Dans leur mise en œuvre, elles développent chacune une façon unique d'envisager la démarche du projet. L'originalité du design d'interaction, par exemple, consiste à croiser les méthodes du design industriel, du design d'interfaces logicielles et une approche qui s'appuie fortement sur la scénarisation et le prototypage. Il donne aussi priorité aux méthodes d'observation et de recherche sur les utilisateurs. Le prototypage joue un rôle déterminant dans sa démarche, car il s'agit de représenter et de tester le comportement du produit. Le design d'interaction insiste par ailleurs sur la recherche du plaisir dans l'inte-raction. Gillian Crampton Smith a aussi souligné, dans sa préface à *Designing Interactions* ‹1›, la recherche du plaisir esthétique issue de la démarche de design, la vocation à *humaniser* les technologies (c'est l'expres-sion qu'elle emploie) pour les placer à la portée des usages quotidiens.

‹1›
Bill Moggridge,
Designing interactions,
The MIT Press,
Cambridge, 2007.

L'approche méthodologique du design numérique se décrit, selon Jean-Louis Frechin, par ses capacités à imaginer, à scénariser et à représenter des usages et des pratiques possibles issues des technologies en les transformant en produits/services utilisables et désirables. Mais il reprend à son compte le design d'interface, la conception centrée sur l'utilisateur, les scénarios d'usage et une partie de l'architecture de l'information. L'interaction Homme-Machine s'appuie sur les sciences cognitives pour modéliser les caractéristiques et le comportement des utilisateurs. Elle utilise aussi les méthodes d'évaluation propres à l'utilisabilité des interfaces (*Usability*).

L'expérience utilisateur place l'accent sur la qualité que revêt la relation entre une personne et un produit ou un service. Ses leviers sont la sensibilité et l'émotion, son objectif principal est la satisfaction de l'utilisateur. Concrètement, ses méthodes consistent à créer des représentations qui évoquent la subjectivité de l'utilisateur et sa perception. Il s'agit de « cartographier » ses attitudes et ses usages pour proposer les solutions les plus en phase avec ses préoccupations.

Après une lecture comparée des outils méthodologiques présentés dans différents ouvrages <2>, on constate que le design de l'expérience utilisateur se situe au croisement de l'architecture de l'information et du design d'interaction.

Les modes d'intervention dans chacune des pratiques, tout en exploitant un socle commun, apparaissent très modulables. Chaque spécialité est ainsi libre de décrire un processus d'élaboration dans lequel sont hiérarchisés savoir-faire et modes d'intervention. On y mobilise un ensemble de livrables privilégiés dont on a soigneusement défini la forme et dont le contenu est influencé par le type d'approche privilégiée.

La nécessité d'un langage commun

L'enjeu de cette mise au point terminologique n'est pas tant de délimiter le périmètre de ces pratiques ou de les hiérarchiser que de mettre en évidence leur foisonnement mais aussi la complexité à faire émerger une représentation partagée, ou plus précisément le langage commun dont les professionnels ont besoin pour travailler ensemble.

Pour nous, toutes ces pratiques, si elles développent des priorités et des postures qui leur sont propres, s'inscrivent dans un même mouvement convergent. Ce qui rend difficile une perméabilité totale, c'est que tout d'abord, par nature, les projets de design impliquent l'intervention de nombreuses parties prenantes – et donc de perspectives différentes : ingénieurs, marketeurs, commerciaux, chefs de projets, etc. Ces intervenants peuvent ainsi être envisagés comme une chaîne d'intervention qui contribue aux différentes facettes du projet, de la définition de la stratégie à l'implémentation technique finale.

Ces activités créatrices sont multidisciplinaires et se déclinent en une longue liste d'expertises. Les professionnels ont d'ailleurs tendance à les cumuler pour pouvoir évoluer dans un contexte technologique mouvant et interagir avec les différents intervenants. Au-delà de l'interprétation et du positionnement de chacun, il est important d'établir des passerelles entre les différentes spécialités.

Pour notre part, nous retiendrons l'appellation de design interactif, plus inclusive car elle peut s'appliquer à tout type de dispositif : interface, objet connecté, environnement interactif, etc. Elle offre un cadre plus générique que le design d'interaction et le design d'expérience utilisateur. Pour reprendre une réflexion que nous apportions, avec Nicole Pignier, dans un ouvrage dédié au Web design <3>, le terme de « design interactif » définit la raison d'être du design numérique : proposer des pratiques d'information et de communication via des dispositifs « connectés » aptes à susciter du sens pour l'usager. Ainsi, le designer interactif doit-il penser l'objet « connecté » dans et pour son utilité, mais aussi dans et pour le processus qui accompagne la finalité pratique et qui lui donne du sens aux yeux de l'usager.

Les pratiques de design qui nous intéressent partagent de nombreux dénominateurs communs dans leurs modes d'intervention, notamment au travers des méthodologies qu'elles mettent en œuvre. Elles façonnent des projets pour lesquels est presque toujours revendiqué et défendu un principe : l'écart entre la technologie et l'utilisateur ne peut être réduit qu'en observant, en analysant et en traduisant les besoins de ce dernier dans les solutions envisagées.

<2>
Russ Unger, Carolyn Chandler, *A Project Guide to UX Design: For user experience designers in the field or in the making*, New Riders, Berkeley, 2009.

Kim Goodwin, *Designing for the Digital Age: How to Create Human-Centered Products and Services*, Wiley, Indianapolis, 2009.

Helen Sharp, Yvonne Rogers, Jenny Preece, *Interaction Design: Beyond Human-Computer Interaction*, 3e édition, Wiley, Indianapolis, 2011.

<3>
Nicole Pignier, Benoît Drouillat, *Le Web design : Sociale expérience des interfaces web*, Hermès-Lavoisier, 2008.

Le design interactif, un champ d'application du design centré sur l'utilisateur

S'inscrire dans la démarche du design centré sur l'utilisateur

© IDEO

Workshop mené par l'agence IDEO.

Dans les projets impliquant la technologie, les capacités et les caractéristiques humaines doivent évidemment être prises en compte pour favoriser des interactions performantes et la satisfaction de l'utilisateur. La discipline des facteurs humains ‹4› (en anglais *human factors*), d'abord mise en œuvre dans l'aéronautique militaire, fut pionnière dans la façon d'intégrer la compréhension des facteurs humains à la conception des dispositifs technologiques. Elle joua un rôle déterminant dans le champ des interactions homme-machine au moment de l'apparition des interfaces graphiques, de l'ordinateur personnel et des logiciels.

La démarche du design centré sur l'utilisateur propose plusieurs modèles, qui sont souvent repris dans le design interactif. Le design contextuel (*contextual design*) cherche ainsi à modéliser des données collectées sur les utilisateurs et à les exploiter pour créer des scénarios d'usage qui répondent à un besoin. Le design participatif invite les utilisateurs dans la conception même du produit ou du service. Il ne s'agit pas simplement de les observer, mais de les faire participer à la recherche de solutions à une problématique donnée.

Se concentrer sur les besoins et les attentes de l'utilisateur

Encore trop souvent, dans les projets de design interactif, la conception est orientée voire entièrement conditionnée par les contraintes liées à l'environnement de développement technique et par une vision marketing préconçue. L'écueil est fréquemment constaté par les praticiens. C'est, pour reprendre Donald Norman, l'image du système qui prévaut au détriment du modèle de l'utilisateur. La pression qui est exercée par ces deux facteurs est considérable, au point que la finalité du projet – la satisfaction de l'utilisateur réel – est souvent remisée au second plan. Plutôt que de demander à l'utilisateur de s'adapter à l'interface ou au produit, les designers doivent trouver une voie permettant de concilier les contraintes techniques, les objectifs du client et l'intérêt de l'usager. Dans les faits, peu de projets y parviennent et l'intégration du point de vue de l'utilisateur ne s'opère que de façon anecdotique ou *a posteriori*, lorsque les décisions structurantes ont déjà été prises. Le coût et le respect du planning sont souvent les arguments avancés pour écarter le recours à une véritable démarche de design centré sur l'utilisateur.

En dépit de cette difficulté, la plupart des projets de design revendiquent et s'inscrivent dans le cadre de la conception centrée sur l'utilisateur (*user centered design* en anglais), souvent confondue avec le design de l'expérience utilisateur. Donald Norman, enseignant-chercheur et expert reconnu en sciences cognitives, ergonomie et design, a posé les fondements de la première à la fin des années 1980 ‹5›.

‹4›
L'International Ergonomics Association en propose la définition suivante : « Les facteurs humains sont une discipline scientifique qui s'intéresse à la compréhension des interactions entre les humains et les éléments d'un système. Elle désigne également la profession qui applique la théorie, les principes, les données et d'autres méthodes de conception afin d'optimiser le bien-être humain et la performance globale d'un système ». Definition of Ergonomics, International Ergonomics Association, consulté le 4 janvier 2015, ‹http://www.iea.cc/whats/index.html›

‹5›
Donald Norman, *The Design Of Everyday Things*, Basic Books, 1988.

La conception centrée utilisateur est une démarche de design qui s'appuie sur les informations collectées à partir des personnes qui utiliseront réellement le produit. Elle consiste à se concentrer sur les besoins et attentes des utilisateurs, lors de la conception et du développement du produit.

Définir une norme

Dans le champ du numérique, la conception centrée sur l'utilisateur s'est imposée comme une prescription, c'est-à-dire qu'elle spécifie des exigences et des lignes directrices qui doivent être utilisées pour garantir la mise en œuvre efficiente d'un projet. Ainsi, la norme ISO 9241-210 :2010, intitulée « Ergonomie de l'interaction homme-système – Partie 210 : Conception centrée sur l'opérateur humain pour les systèmes interactifs » détaille quatre critères d'application et de mise en œuvre de la démarche :
— la prise en compte en amont des utilisateurs, de leurs tâches et de leur environnement ;
— la participation active des utilisateurs, garantissant la fidélité des besoins et des exigences liées à leurs tâches ;
— la répartition appropriée des fonctions entre les utilisateurs et la technologie ;
— l'itération des solutions de conception, jusqu'à satisfaction des besoins et des exigences exprimés par les utilisateurs.

Contrairement aux croyances souvent relayées, ces principes ne sont pas uniquement mobilisés par le design interactif. Avant d'être une norme, la conception centrée sur l'utilisateur est historiquement ancrée dans le design industriel et a émergé dans les années 1960 en Scandinavie.

Mobiliser un ensemble d'outils

La conception centrée sur l'utilisateur comprend un ensemble d'outils d'analyse et de formalisation qui peuvent être mobilisés lors des différentes étapes du projet :
— entretiens avec des parties prenantes ;
— observation en contexte ;

— ateliers de co-création ;
— sessions de brainstorming ;
— tri par cartes ;
— personae ;
— scénarios d'usage ;
— prototype fonctionnel, etc.

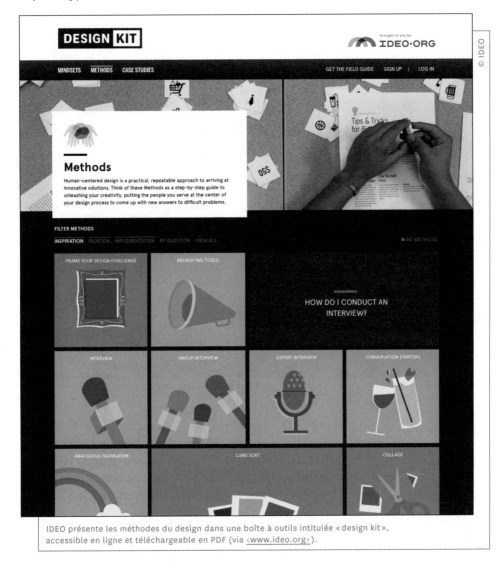

© IDEO

IDEO présente les méthodes du design dans une boîte à outils intitulée « design kit »,
accessible en ligne et téléchargeable en PDF (via <www.ideo.org>).

En 2015, l'agence de design américaine IDEO a publié
la 2ᵉ édition de *Human-Centered Design Toolkit* ‹6›
destinée aux organisations non gouvernementales.
Ce livre documente de façon exhaustive les méthodes
de la conception centrée sur l'utilisateur.

   Dans la seconde partie de cet ouvrage, nous
revenons en détail sur certaines de ces méthodologies.

‹6›
Design Kit, consulté
le 4 janvier 2015,
<http://www.designkit.
org/methods>

Un process,
un ensemble
de méthodologies

**Appliquer
la démarche commune d'analyse
et de proposition du design**

© FROG

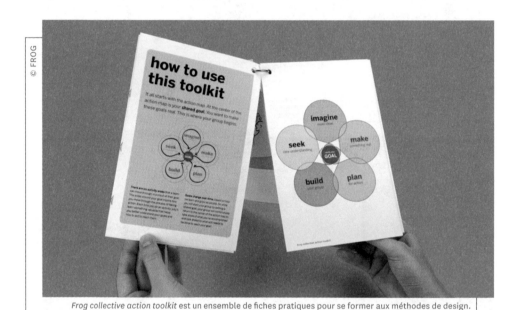

Frog collective action toolkit est un ensemble de fiches pratiques pour se former aux méthodes de design.

Le design interactif ne décrit pas uniquement le résultat visible d'un projet, c'est aussi une démarche de création qui propose un mode d'intervention, nourri et influencé par les autres pratiques de design, mobilisant des méthodologies et des principes de conception partagés. Dans un projet de design, nombre d'étapes sont invisibles pour le commanditaire ou l'utilisateur, menées par des équipes qui ne restituent souvent que le fruit final de leurs recherches. En effet, toutes les pistes explorées ne sont pas nécessairement communicables ou pertinentes. La démarche consiste en une pluralité de jalons qui permettent tour à tour à s'approprier le contexte, à (re)formuler un besoin, une problématique, à explorer les solutions potentielles, à les tester, à les prototyper, à les réaliser, à trouver les représentations et formes adéquates et enfin à les évaluer.

Développer des apports spécifiques au design interactif

S'il existe des principes communs à toutes les pratiques de design, la mise en œuvre est toujours contextualisée. Dans le cas du design interactif, il n'existe pas de recette : les méthodologies mobilisées sont diversifiées et varient en fonction de la nature et de l'objectif du projet. Partant de cette pluralité d'outils envisageables, les activités menées dans le cadre d'un projet de design interactif consistent essentiellement à :

— s'approprier le contexte et la problématique du client pour dégager des directions de travail ;

— comprendre les comportements, besoins et attentes des utilisateurs dans leur contexte ;

— synthétiser le résultat des recherches qui ont été menées sur l'utilisateur ;

— dresser un état de l'art de l'existant et une analyse concurrentielle ;

— explorer un grand nombre de solutions possibles pour en retenir la meilleure ;

— trouver les représentations adéquates de cette solution, en définir la structure et le comportement ;

— vérifier sa faisabilité technique, dans le respect des délais et des coûts ;

— formaliser une représentation exacte et complète de l'expérience ;

— mettre en scène et en contexte les situations dans lesquelles les personnes utilisent le produit ou le service ;

— évaluer et implémenter le dispositif choisi ;

— la tester, en améliorer la facilité d'usage (c'est aussi l'une des visées de l'ergonomie des interfaces).

Globalement, il s'agit d'«appliquer la démarche sensible d'analyse, de proposition et de création du design» aux situations mobilisant des technologies numériques, comme l'écrit le designer Jean-Louis Frechin ‹7› à propos du design numérique.

<7>
Jean-Louis Frechin, « Salons, Ateliers, Cabinets de Curiosité... et FabLabs », consulté le 12 mai 2015. <http://www.nodesign. net/blog/salons- ateliers-cabinets-de- curiosite-les-lieux-de-la- transdiciplinarite/>

**Mettre en œuvre
un ensemble d'activités
de recherche,
d'analyse, de scénarisation
et de formalisation**

Le design interactif mobilise d'autres activités et méthodologies qui sont des champs autonomes mais peuvent être mises en synergie :
— la conception centrée sur l'utilisateur ;
— le design participatif ;
— le design de services ;
— le design d'interface ;
— le design graphique ;
— le design produit ;
— le design d'espace ;
— le design sonore.

Outre les méthodologies définies précédemment, le design interactif recourt plus spécifiquement à :
— la définition du besoin (cahier des charges et brief de design) ;
— la recherche utilisateur, l'ethnographie, la psychologie (interviews, observation, shadowing, *focus groups*, bodystorming…) ;
— la modélisation des données issues de la recherche (les personae notamment) ;
— l'analyse compétitive (benchmark) ;
— l'exploration de solutions de design au travers de techniques dites de créativité : l'idéation, qui peut se communiquer via un cahier d'idées ou des planches de concept ;
— la scénarisation (scénario d'usage, architecture de l'information, UX design) ;
— le prototypage (via une maquette de principe ou un prototype fonctionnel) ;
— la formalisation, qui comme le veut l'adage suit souvent la fonction et définit l'aspect que va revêtir le produit ou le service ;
— les tests utilisateurs et l'analyse experte au travers de critères d'ergonomie.

Une pratique professionnelle

Prototypage papier.

© Shutterstock

Comme les autres activités de design, le design interactif consiste en un ensemble d'activités et de savoir-faire qui peuvent être acquis et approfondis par l'expérience et mises à disposition d'un client. C'est en cela une pratique professionnelle.

Les domaines dans lesquels le designer doit acquérir un certain nombre de compétences sont:
— le dessin, pour communiquer des idées;
les méthodologies du design, pour résoudre
— le problème selon une démarche systématique, qui décompose le travail en étapes;
— la modélisation qui lui permet d'explorer différentes hypothèses de solutions au problème posé en créant des représentations imaginatives;
— la scénarisation pour décrire la façon dont le produit ou le service se comporte en réponse aux actions de l'utilisateur, en l'inscrivant dans une dimension narrative;

— l'usage de logiciels, mais aussi de moyens de prototypage physique, pour formaliser et donner corps à des solutions de design novatrices;
— la programmation informatique, qui permet de définir le comportement des interfaces et des objets. Bien que les designers ne se substituent pas dans un projet aux ingénieurs (et inversement), une certaine autonomie sur la pratique du code est fort utile: elle permet de tester, d'expérimenter, de prototyper rapidement et d'identifier de potentielles difficultés ou opportunités techniques. Nombreux sont aujourd'hui les jeunes designers formés à la programmation dans les écoles de design, qui en ont saisi les enjeux.

Bien entendu, ce n'est pas la maîtrise d'une technique ou d'une autre qui fait un bon designer. Leur mise en œuvre doit s'accompagner d'une grande capacité de réflexion sur des enjeux complexes, qu'ils soient sociétaux ou plus business. Pour aborder des projets numériques, un fort esprit de synthèse est aussi nécessaire.

Confronter la pratique aux enjeux des usages du numérique

Par leur échelle et leur intégration dans la société, les usages du numérique s'inscrivent dans des contextes humains et technologiques complexes. Les comprendre et les traduire dans la pratique, c'est nécessairement les relier à l'étude des phénomènes qui les entourent. Les designers, qu'ils soient interactifs ou pas, ne peuvent en réaliser l'économie. Les enjeux des usages du numérique se matérialisent aussi bien au travers de questions éthiques que sociologiques, culturelles ou économiques. Les sciences humaines et sociales les identifient et développent depuis un demi-siècle une réflexion essentielle. Nombre de revues et de publications y sont consacrées. Entre la recherche et la pratique professionnelle, les travaux de la FING (Fondation Internet Nouvelle Génération) identifient chaque année ces «transformations» dans leurs cahiers d'enjeux Questions numériques <8>.
Soixante-quinze de ces questions y sont abordées et débattues. Elles sont balisées par des thèmes comme l'éducation, données et vie privée, politique

et numérique, lien social, travail, emploi, territoire, écologie, santé et corps. Parmi celles-ci, certaines résonnent avec le design interactif : est-ce que le numérique permet d'élargir la participation démocratique? Les compteurs intelligents sont-ils le principal chemin vers une énergie verte? Internet détruit-il le lien social?

Elles apportent la compréhension nécessaire qui tisse le lien entre le contexte dans lequel s'inscrivent la pratique du design interactif et les thèmes sur lesquels le designer doit se positionner et offrir sa vision du monde. Sans cette confrontation entre la pratique du design et les enjeux contemporains de la société, la force de proposition et de création du designer est limitée sinon vaine.

Amener à maturité l'offre de formation

En France, l'offre de formation au design interactif a émergé à la fin des années 1990 et a mobilisé beaucoup d'énergie pour s'actualiser et se synchroniser avec les enjeux de la pratique, tant dans l'enseignement public que privé. Le design interactif est une profession attractive, tant par son niveau d'emploi que par les opportunités qu'elle propose ; elle se redéfinit en permanence. Les ministères de l'Économie, de l'Industrie et du Numérique et de l'Éducation nationale, de l'Enseignement supérieur et de la Recherche ont mené plusieurs initiatives, comme le portail des métiers de l'Internet et le Référentiel des métiers du design (2013) [9], qui aboutissent à une reconnaissance officielle de la profession dans son ensemble. C'est à ce jour l'un des premiers travaux cartographiques des métiers et de leurs missions et fonctions, domaines d'activités, compétences, conditions d'accès et de formation, perspectives d'évolution professionnelle. Depuis 2007, l'association professionnelle *designers interactifs* publie régulièrement un Guide des métiers du design interactif [10], qui questionne les conditions dans lesquelles la formation peut être dispensée pour répondre aux besoins des entreprises.

Dominique Sciamma et Jean-Louis Frechin sont sans conteste deux personnalités du monde du design qui ont détaillé et affirmé des partis pris très

[8]
Questions numériques, consulté le 10 janvier 2015. <http://fing.org/?-Questions-numeriques-217->

[9]
Référenciel des métiers du design, consulté le 4 janvier 2015. <http://www.entreprises.gouv.fr/etudes-et-statistiques/referentiel-des-metiers-design>

[10]
Guide des métiers du design interactif, édition 2015. <http://www.designersinteractifs.org/publications/guides/guide-des-metiers-du-design-interactif-2>

forts sur l'enseignement du design interactif. Pour Frechin, faisant référence à l'ENSCI, «Le numérique, moteur d'un changement d'âge économique, philosophique et social, bouleverse l'objet, le sujet et la nature de ce qu'il est possible de produire dans «Les ateliers». L'objet de la démarche pédagogique consiste à «s'atteler à inventer des nouvelles situations et les nouveaux objets/services du XXIe siècle», au moyen du prototypage et des ateliers de fabrication numérique, en favorisant la multidisciplinarité (recherche, science, art, ingénierie, gestion, sciences humaines et sociales). Il s'agit de produire tout en expérimentant autour d'une démarche intellectuelle exigeante, de conjuguer réflexion et action. Chez Dominique Sciamma, on retrouve le même souci humaniste à travers la référence aux Lumières dans le projet pédagogique. Dans un article non publié et intitulé «Le Designer: l'Homme du XXIe siècle», il constate que «les enjeux, comme les pratiques de ce métier ont changé. Hier concentré sur les systèmes d'objets, les conditions de leur production et de leur usage, le designer travaille aujourd'hui sur des systèmes de vie et d'expériences, avec une part immatérielle grandissante, et où la complexité est sa compagne quotidienne». Penser l'enseignement du design interactif, ce n'est pas simplement se «resynchroniser» avec les technologies et les moyens de production les plus en pointe, c'est redéfinir le projet humain autour duquel s'articule le sens de la démarche du design. En interrogeant de façon critique les besoins, les usages, les outils, les moyens de formalisation et de fabrication, les écoles de design qui disposent de cursus en design d'interaction se positionnent aussi sur le terrain éthique et sociétal. À l'opposé d'être déresponsabilisantes, les technologies deviennent le support d'une innovation qui se veut au service de la société, revisitant les propositions de Papanek <11>.

Une source d'innovations non technologiques

Contribuer au processus d'innovation

D'après le Manuel d'Oslo, dont la 3ᵉ édition a été publiée en 2005 par l'OCDE, «l'innovation non technologique englobe toutes les activités d'innovation [...] qui ne sont pas liées au lancement d'un bien ou d'un service nouveau ou sensiblement modifié du point de vue technologique, ou à l'utilisation d'un procédé techno-logiquement nouveau ou sensiblement modifié.» (p. 97). On peut ainsi considérer le design et le design interactif comme sources d'innovations non techno-logiques, dans la mesure où ils s'appuient sur des facteurs comme l'émergence de nouveaux usages, des procédés de conception nouveaux et une expérience utilisateur originale.

inFORM, interface volumique innovante du MIT Media Lab, Tangible Media Group.

© D. Leithinger, S. Follmer, H. Ishii

Souligner les apports du design

Un rapport de la Commission européenne, *Design as a driver of user-centred innovation*, souligne la vocation du design à être un processus, une activité et pas uni-quement le résultat visible de cette activité. Le rapport affirme que le design est une passerelle entre la créa-tivité et l'innovation, la technologie et l'usager. L'une des caractéristiques intéressantes du design est qu'il intègre un grand nombre de préoccupations diverses. C'est une approche globale, qui va bien au-delà des considérations esthétiques, incluant la fonction, l'ergo-nomie, la facilité d'usage, l'accessibilité, la sécurité du produit, la durabilité, le coût et des éléments intangibles comme la marque et la culture. Cela est valable quel que soit le type d'application envisagée et en particulier dans le design interactif. Le rôle du design peut être autant la compétitivité et la différen-ciation des produits que la durabilité et la qualité de vie.

<11>
Victor Papanek,
Design for the real world,
Thames & Hudson,
1971.

Articulations
avec la R&D, la technologie et le marketing

L'un des autres aspects intéressants du rapport de la Commission est qu'il explicite le lien entre design, R&D et innovation, en s'appuyant sur les manuels de Frascati et d'Oslo. Le *Manuel de Frascati* intègre le design dans sa définition de l'innovation. Du point de vue du designer, le design inclut de la recherche (par exemple pour identifier les besoins des usagers, ses préférences et ses comportements). Cela signifie qu'il y a recoupement entre les activités de R&D et de design, même si la vision est fondamentalement différente. Ainsi, pour le Manuel d'Oslo, «le design est une partie intégrante du développement et de l'implémentation des innovations de produit». Le design est considéré comme un facteur, un input ou un outil pour l'innovation plutôt que l'innovation elle-même. Le design est une part importante du processus d'innovation. Les entreprises qui utilisent le design sont plus compétitives que les autres. De plus en plus souvent, le design est considéré comme un outil stratégique pour l'innovation centrée sur l'utilisateur. C'est une activité complémentaire de la R&D en ce qu'il transforme la recherche en produits et services commercialement viables et qu'il amène l'innovation au plus proche des besoins des usagers. Le rapport va plus loin en détaillant le lien entre le design, l'innovation et la compétitivité : «Une approche de la relation entre design, innovation et compétitivité consiste à envisager que le design agit comme une passerelle entre la science, la technologie et l'utilisateur en le plaçant au centre.» (p. 15).

Le rôle du design est alors de renforcer la communication entre les différentes composantes du processus d'innovation. Par exemple, entre la R&D et la production, entre la R&D et le marketing. Mais aussi de transformer les idées et les inventions technologiques en produits et en services et proposer des produits novateurs qui soient commercialement performants, centrés sur l'utilisateur et désirables.

Le design interactif, activité créatrice et plurielle

Une activité aux multiples facettes

Le design interactif est une activité complète dotée de multiples facettes :
— Technologique, dans le sens où le design interactif recourt à la fois à des artefacts physiques (*hardware*) et à la matière numérique (*software*).
— Humaine, dans le sens où il a pour objectif de satisfaire les besoins et les attentes des personnes qui interagissent avec le produit ou le service. La dimension émotionnelle et sensible de la relation entre les personnes et les produits/services numériques est un des moteurs du design interactif.
— Sociale, dans le sens où les produits et les services numériques nécessitent de se placer au-delà de leur simple aspect fonctionnel et utilitaire pour satisfaire leurs utilisateurs. Leur conception doit prendre en compte l'impact qu'ils produisent sur les relations entre les personnes et le fait qu'ils interrogent notre façon de vivre ensemble.
— Culturelle, dans la mesure où le design interactif, en faisant appel à des références partagées dans la mémoire collective, notamment des métaphores, construit un imaginaire formel porteur de sens.
Pour reprendre la formule du designer américain Alan Cooper, le design interactif est plus vaste que la somme de ses parties. En les conjuguant, sa vocation transversale apparaît.

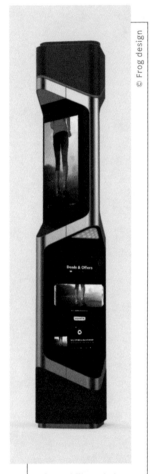

© Frog design

Palo, mobilier urbain digital pour orienter les gens dans la ville.

Une multitude de définitions

Comme le laisse penser la dispersion terminologique qui perdure autour du design interactif, il n'existe pas de définition fédératrice, mais une multitude de pistes à envisager.

Pour Bill Moggridge, figure tutélaire du design d'interaction, « les designers de produits issus des technologies numériques ne considèrent plus leur travail comme consistant à faire le design d'un objet physique – beau ou utile – mais comme consistant à faire le design des interactions avec lui ‹12› ».

Alan Cooper, lui, envisage le design d'interaction comme « la pratique de la conception interactive des produits numériques, des environnements, des systèmes et des services. [...] Le design d'interaction se concentre sur quelque chose que le design traditionnel n'explore pas souvent : le design de comportement ‹13› ».

Cette notion de comportement est soulignée également par Kim Goodwin, pour qui « le design d'interaction est une discipline qui se concentre sur la définition de la forme et du comportement des produits interactifs, des services et des systèmes ‹14› ».

Au-delà des dimensions formelles et relationnelles, le design d'interaction dispose d'une capacité d'*augmentation* du monde physique, qu'Helen Sharp et ses co-auteurs mettent en lumière : « Par design d'interaction, on entend le design de produits interactifs dans le but de soutenir la façon dont les personnes communiquent et interagissent dans leur vie quotidienne et leur travail. Pour le formuler différemment, il s'agit de créer des expériences utilisateur qui améliorent et augmentent la façon dont les gens travaillent, communiquent et interagissent ‹15› ».

Stéphane Vial précise que le design numérique est « l'activité créatrice consistant à concevoir des expériences-à-vivre à l'aide de formes interactives produites dans des matières informatisées et organisées autour d'une interface ‹16› ».

Pour notre part, nous pensons qu'une définition plus intégratrice est nécessaire, notamment pour refléter la diversité des dispositifs auquel le design interactif peut donner forme :

Le design interactif est l'activité créatrice dédiée à la conception des produits et des services numériques. Sa démarche consiste à définir les caractéristiques formelles des produits et des services et les scénarios selon lesquels les personnes dialoguent avec eux. Ce dialogue s'exprime dans le comportement du produit ou du service, autour d'une interface, d'un objet ou d'un environnement sensible et réactif.

© IDEO

Grid Compass, IDEO, 1981, 1er ordinateur portable au format notebook, designer : Bill Moggridge.

Une articulation des pratiques

Le design interactif est le terme générique qui fait référence à différentes pratiques de design connexes :
— le design d'interface, qui s'attache à concevoir ce qui va être perceptible du produit ou du service par l'utilisateur ;
— le design d'interaction, qui décrit la façon dont l'objet ou le service va se comporter dans le dialogue avec l'utilisateur ;
— le design d'expérience utilisateur (UX design), qui cherche à comprendre et à influencer positivement les perceptions, les opérations de pensée et la mémorisation de l'utilisateur envers le produit ou le service ;
— l'architecture de l'information, qui permet d'organiser et de nommer l'information dans un environnement partagé ;
— l'ergonomie des interfaces, pour rendre le produit ou le service utile et facilement utilisable ;
— le design sonore, pour communiquer des signaux porteurs de sens lors de l'interaction entre le produit et l'utilisateur.

Selon les besoins et les priorités du projet, ces pratiques s'articulent ensemble. Pour clarifier totalement les périmètres de chacune de ces pratiques, nous proposons d'en explorer les différents aspects à la suite de ce chapitre.

<12>
Bill Moggridge,
Designing interactions,
The MIT Press,
Cambridge, 2007

<13>
Alan Cooper,
Robert Reinmann,
David Cronin,
Christopher Noessel,
About Face,
4e édition, Wiley,
2014, p. XIX.

<14>
Kim Goodwin,
*Designing
for the Digital Age:
How to Create
Human-Centered
Products and Services*,
Wiley, Indianapolis,
2009, p. 5.

<15>
Helen Sharp,
Yvonne Rogers,
Jenny Preece,
*Interaction Design:
Beyond Human-Computer
Interaction*, 3e édition,
Wiley, Indianapolis,
2011, p. 9.

<16>
Stéphane Vial,
Court traité du design,
2e édition, PUF,
2014, p. 71.

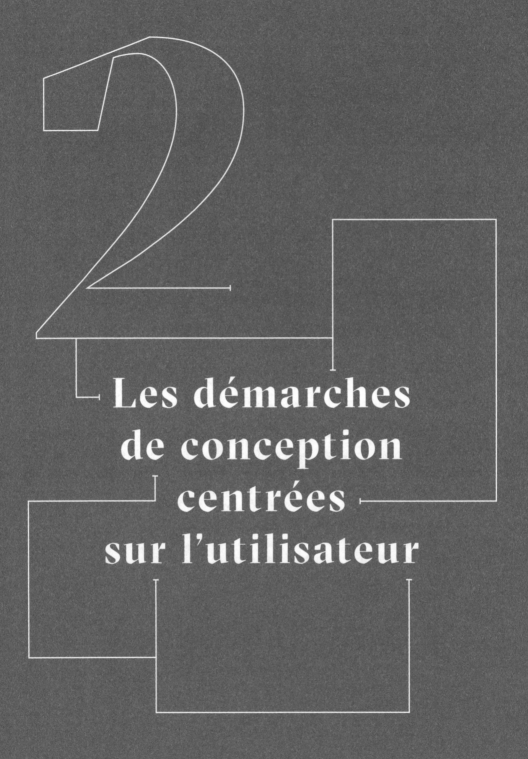

2

Les démarches de conception centrées sur l'utilisateur

Le design interactif fait appel à des démarches dérivées elles aussi de la conception centrée sur l'utilisateur : l'architecture de l'information, le design d'expérience utilisateur, le design d'interfaces et l'ergonomie des interfaces, discipline qui s'inscrit dans le champ plus ancien encore des facteurs humains. Leur intervention dans un projet peut être explicite ou implicite, formelle ou informelle, en fonction des attendus du projet et du contexte. Très souvent, les méthodes et les livrables se recoupent, même si chacune dispose d'un périmètre parfaitement identifié. On constate d'ailleurs que leurs applications ne sont pas systématiques dans un projet et qu'au-delà de leurs fondamentaux, elles ont tendance à fonctionner comme des « boîtes à outils ». Non pas qu'il s'agisse de suivre un script prédéfini, mais elles permettent de penser sur mesure la méthodologie adaptée aux besoins du projet et aux attentes du client.

Pour chacune d'entre elles, nous précisons son origine et son héritage historique, ses définitions et sa mise en œuvre dans un projet de design (place, objectifs, principaux livrables, intervenants, apports). Appréhender les concepts élémentaires de ces démarches, c'est se préparer à les maîtriser de façon opérationnelle, en saisissant les enjeux de conception pour lesquels elles sont pertinentes.

Architecture de l'information

L'architecture,
une métaphore en référence
à l'organisation spatiale
des contenus et des fonctions

© iStock

Salle des archives.

Au XXᵉ siècle, les technologies de l'information et de la communication ont démultiplié les possibilités de production de données et d'information. La façon dont les contenus sont présentés et organisés, qu'il s'agisse d'espaces physiques (les bibliothèques) ou numériques (logiciels, sites Web, applications) est affectée par cette abondante volumétrie, qualifiée souvent de «surcharge informationnelle» (*information overload*). Cette situation a, depuis les fondations de l'informatique personnelle, engendré le besoin de répondre à «l'explosion des données» par une architecture abstraite permettant de conceptualiser la structure et le comportement de l'information. Cette préoccupation s'est manifestée à plusieurs reprises dans l'histoire de l'informatique, chez IBM et au Xerox Palo Alto Research Center (PARC), au début des années 1970. Ce fut l'architecte américain Richard Saul Wurman qui le premier employa le terme d'architecture de l'information dans un discours lors de la conférence de l'American Institute of Architecture en 1976. Vingt ans plus tard, alors que le terme n'est plus beaucoup employé, deux pionniers du Web, Peter Morville et Louis Rosenfeld, développent une approche de conception d'interface inspirée des principes des sciences de l'information, de la communication et de la science documentaire. Ils la partagent en 1998 sous la forme d'un ouvrage qui demeure aujourd'hui une référence, *Information Architecture for the World Wide Web*. Dans cette approche, par la suite relayée et amplifiée par une profession émergente, Morville et Rosenfeld filent la métaphore de l'architecture pour l'appliquer aux besoins spécifiques du design des interfaces ‹17›. De la même façon que l'architecture est l'art de bâtir et veille à concevoir des agencements d'espace incluant de nombreuses dimensions (environnementales, sociales, culturelles...), l'architecture de l'information propose de mettre en scène spatialement l'organisation de l'information et la navigation du contenu dans les interfaces graphiques. L'architecture de l'information permet ainsi de poser « les fondations de l'interface ». Elle fonctionne comme les indicateurs physiques permettant de se déplacer dans l'espace (en écho à la signalétique). Elle fixe des repères dans l'interface, qui permettent à l'utilisateur de s'y localiser et de percevoir les possibilités de navigation. L'architecture de l'information appliquée à la conception de sites Web est issue du besoin suscité par la complexité et le besoin d'orientation au sein des espaces d'information sur le World Wide Web.

L'art et la science d'organiser l'information des sites Web, des intranets et des applications logicielles

‹17›
Rosenfeld et Morville précisent aussi les limites de cette métaphore: elle ne doit pas enfermer la pensée et elle peut être parfois inopérante dans les configurations complexes.

L'architecture de l'information et les « sciences de l'information et des bibliothèques » sont étroitement liées. Tout comme la classification bibliographique met en œuvre des outils d'organisation des ouvrages pour les regrouper sur les rayons par affinité de contenu, l'architecture de l'information crée des regroupements logiques, des niveaux de lecture, des systèmes d'étiquettes...

Pour Morville et Rosenfeld, il est illusoire de proposer une définition unique de l'architecture de l'information. Ils la décomposent ainsi <18> :

1 — la combinaison de l'organisation, de l'étiquetage et des principes de navigation dans un système d'information ;

2 — le design de la structure d'un espace d'information pour faciliter l'accomplissement de tâches et l'accès intuitif au contenu ;

3 — l'art et la science de structurer et de classifier les sites Web et les intranets pour aider les personnes à trouver et à gérer l'information ;

4 — une discipline émergente et une communauté de pratique qui cherchent à appliquer les principes du design et de l'architecture au champ du numérique.

Donna Spencer, autre précurseur américaine de l'architecture de l'information, propose une définition encore plus opératoire : « L'architecture de l'information consiste à organiser les contenus ou les choses, à les décrire clairement et à fournir des chemins aux personnes pour qu'elles y accèdent. <19> »

De ces définitions, on retient que l'architecture de l'information s'appuie sur quatre grands principes :

— les systèmes d'organisation (qu'ils soient thématiques, géographiques, chronologiques...) ;

— les systèmes d'étiquettes (titres, libellés de liens et de menu de navigation...) ;

— les systèmes de navigation (globale, locale, contextuelle) ;

— les systèmes de recherche (moyens par lesquels on peut interroger l'interface pour trouver une information précise).

L'architecture de l'information et le design d'expérience utilisateur sont des pratiques convergentes dans les outils méthodologiques qu'ils proposent. Mais, pour reprendre Darren Northcott, « l'architecture de l'information concerne la structure et l'expérience utilisateur concerne l'émotion <20> ». C'est un facteur clé qui influence la qualité de l'expérience utilisateur et l'ergonomie de l'interface.

La mise en œuvre de l'architecture de l'information dans un projet de design interactif

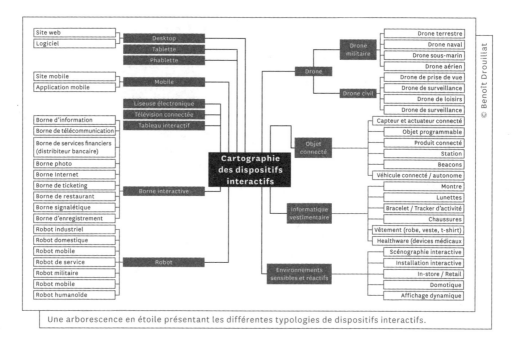

Une arborescence en étoile présentant les différentes typologies de dispositifs interactifs.

La place de l'architecture de l'information dans les étapes d'un projet

L'architecture de l'information est une activité qui prend place généralement tôt dans un projet de design interactif. Après avoir recueilli l'expression de besoin du commanditaire du projet, avoir échangé avec lui et avoir procédé au cadrage du projet, il faut s'assurer que les attentes et les besoins des personnes qui utiliseront effectivement le produit ou le service ont été bien cernés. On mène alors une phase de recherche utilisateur (entretiens, études, observations, etc.) sur laquelle s'appuiera la démarche de l'architecture de l'information. Si cette phase de recherche est éludée, les propositions issues du travail d'architecture de l'information risquent d'être en décalage avec les attentes et les besoins. Par ailleurs, si l'architecture de l'information n'est pas formalisée en amont, il sera difficile voire impossible pour toutes les parties prenantes du projet de partager une même vision de la structure et du comportement du produit ou du service.

<18>
Peter Morville, Louis Rosenfeld, *Information Architecture for the World Wide Web*, 2ᵉ édition, O'Reilly, 1998.

<19>
Donna Spencer, *A practical guide to information architecture*, Five Simple Steps, 2010.

<20>
Darren Northcott, « The Difference Between Information Architecture and UX Design », UX Booth, consulté le 18 janvier 2015, <http://www.uxbooth.com/articles/the-difference-between-ia-and-ux-design>

Les objectifs de
l'architecture de l'information

Concrètement, l'architecture de l'information consiste en un ensemble d'activités :
— Dresser l'inventaire des contenus ;
— clarifier le périmètre fonctionnel de l'interface ;
— formaliser l'arborescence des contenus de l'interface ;
— identifier les modèles de gabarits à formaliser ;
— organiser les contenus des principaux gabarits de pages et détailler le comportement de l'interface ;
— les décrire clairement (étiquettes, métadonnées) ;
— proposer un parcours de navigation ;
— concevoir le système de recherche ;
— imaginer et documenter les fonctions de l'interface ;
— prototyper l'interface du produit ou du service ;
... et réussir à concilier des logiques divergentes.

Les contenus peuvent être organisés de façons multiples (ambiguïté) :
— Les utilisateurs ont des besoins distincts ;
— les personnes ont une représentation variable de la façon d'organiser les choses ;
— le niveau d'expérience des utilisateurs est hétérogène.

Les principaux
livrables

Comme le soulignent Morville et Rosenfeld, l'architecture de l'information s'appuie sur des représentations visuelles pour communiquer sa démarche et ses apports <21>. Ces documents, ou livrables, doivent être adaptés à l'audience à laquelle on s'adresse, notamment s'il s'agit de communiquer la vision du projet au client. La plupart sont des documents de travail dont l'utilisateur final n'aura pas même conscience. Certains circuleront uniquement au sein de l'équipe projet et n'auront pas vocation à être partagés. Jusqu'à quel niveau de formalisme faut-il s'avancer ? Quel est le niveau de détail requis ? Pour trouver le bon niveau de formalisation, on s'appuie généralement sur l'expression de besoin et la restitution convenue avec le client. L'expérience contribue aussi à évaluer le niveau d'exigence des attendus. À défaut, on cherche à capitaliser sur les conventions de formalisation existantes (modèles de livrables), sur lesquelles nous revenons dans la seconde partie de cet ouvrage.

La documentation de l'architecture de l'information contribue au processus du projet et il y a plusieurs raisons pour adopter une démarche formalisée :

1 — La nécessité de maintenir une cohérence dans la vision du projet.

2 — Pour faciliter la communication à l'intérieur de l'équipe et avec le client.

3 — Pour matérialiser au client la prestation achetée.

4 — Le livrable est un support de réflexion et permet d'envisager la problématique sous d'autres angles.

5 — Le livrable est «traçable» et permet de motiver les décisions de design.

6 — Si le projet est long, il est important de pouvoir retracer l'historique et les raisons pour lesquelles les décisions ont été prises.

Parmi les principaux livrables, nous trouverons l'inventaire de contenu, l'arborescence, les personae, les scénarios / parcours utilisateurs, le schéma conceptuel, le diagramme de flux / process, l'interface filaire (*Wireframe*), le prototype fonctionnel (navigable).

Qui prend en charge l'architecture de l'information ?

Selon le contexte, la nature et la taille des structures dans lesquelles les projets émergent, l'architecture de l'information peut être dévolue à des experts ou à d'autres types d'intervenants. Il existe des situations très diverses. Dans les grandes structures, les rôles sont relativement segmentés et si l'architecture de l'information est identifiée et reconnue parmi les compétences des collaborateurs, alors le travail est confié à l'architecte de l'information. Il se peut qu'un autre expert, sans revendiquer ce titre, soit tout à fait en mesure d'assumer ce rôle. Très souvent, les intervenants tendent à être plus polyvalents dans les petites structures, c'est pourquoi, à défaut d'être confiée à un architecte de l'information ou à un UX designer, la mission peut incomber au chef de projet digital, au consultant voire au Web designer ou au directeur artistique digital. Les ergonomes participent également très souvent à la phase de conception. Dans certaines organisations de projet, l'architecture de l'information peut faire l'objet de co-conception avec le client.

‹21›
Peter Morville,
Louis Rosenfeld,
op. cit. p. 271.

Les apports
de l'architecture
de l'information

Nous distinguerons deux types d'apports de la pratique dans le projet.

En conception, l'architecture de l'information permet de :
— réduire le risque de mauvaise interprétation dans la conception,
— explorer différentes pistes sans aller trop loin dans la formalisation,
— maîtriser le coût de conception et de développement d'un site,
— maîtriser les coûts de maintenance d'un produit ou d'un service.

Dans les usages, l'architecture de l'information permet de :
— maîtriser le coût de la recherche d'information,
— réduire le coût de la recherche infructueuse d'information,
— rendre accessible l'information (repérable et facile d'accès quelles que soient les capacités des utilisateurs),
— améliorer la productivité par un accès efficient à l'information,
— réduire l'effort d'apprentissage des utilisateurs,
— augmenter la satisfaction des utilisateurs.

Loin d'être supplantée par le design d'expérience utilisateur, l'architecture de l'information est devenue en une vingtaine d'années une pratique professionnelle mature et particulièrement documentée. Elle a su accompagner les évolutions technologiques (par exemple, les systèmes de gestion de contenu) et les ruptures d'usages (l'avènement du Web social et des usages mobiles). Aujourd'hui, alors que les traitements informationnels s'inscrivent aussi bien derrière les écrans que dans le monde physique, ses enjeux s'élargissent pour structurer des espaces d'information multicanaux et cross-canaux <22> et prendre part à de nouveaux types d'expériences, notamment avec les objets connectés et les environnements interactifs.

Design d'expérience utilisateur

Aux origines de l'UX :
la conception centrée sur l'utilisateur
et le besoin de convergence
des pratiques de design

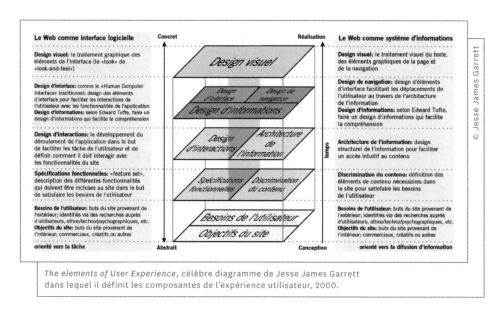

The elements of User Experience, célèbre diagramme de Jesse James Garrett dans lequel il définit les composantes de l'expérience utilisateur, 2000.

En 1998, l'architecte de l'information Peter Merholz s'interroge sur son blog ‹23› à propos d'une notion «nébuleuse» qu'il vient de découvrir, l'expérience utilisateur. Elle accorde une place centrale à l'usager dans tout ce qu'il peut, selon lui, comporter de «monolithique», c'est-à-dire d'indéfini. Merholz attribue à Donald Norman et deux de ses collègues d'Apple la première référence à l'expérience utilisateur dans le contexte des interactions homme-machine. Donald Norman et Stephen Draper sont déjà à l'origine, à la fin des années 1980, de la conception centrée sur l'utilisateur ‹24›, qui préfigure les travaux qu'ils mèneront dans les années 1990. La notion est déjà étroitement articulée à celle d'*expérience d'interface*, dans laquelle il s'agit d'envisager le point de vue de l'utilisateur lorsqu'il est confronté à une interface. En 1995, Donald Norman, Jim Miller et

‹22›
À ce sujet, voir l'ouvrage d'Andrea Resmini et de Luca Rosati, *Pervasive Information Architecture*, publié chez Morgan Kaufmann, 2011.

‹23›
«Whither "User Experience"?», publié le 24 novembre 1998, consulté le 5 mai 2015. ‹http://www.peterme.com/index112498.html›

‹24›
Donald Norman, Stephen Draper, *User Centered System Design: New Perspectives on Human-computer Interaction*, CRC Press, 1986.

Austin Henderson publient, à l'occasion d'une présentation donnée lors de la conférence CHI'95, un très court article ‹25› intitulé «What You See, Some of What's in the Future, And How We Go About Doing It : HI at Apple Computer». Ils y décrivent «la complexité du processus de design produit» chez Apple à partir d'études de cas et le rôle transversal de «User Experience Architect», endossé par Norman. Selon eux, l'expérience utilisateur consiste à travailler sur «la recherche de l'interface utilisateur» et à «harmoniser l'interface utilisateur et le processus de design industriel à travers les différentes divisions d'Apple et d'ATG». Peter Merholz rapporte l'explication de Donald Norman donnée en réponse à un e-mail : «J'ai inventé le terme parce qu'interface utilisateur et utilisabilité étaient trop restreints : je voulais couvrir tous les aspects de l'expérience d'une personne avec un système, incluant le design industriel, les éléments graphiques, l'interface, l'interaction physique et le mode d'emploi. Depuis, le terme s'est largement répandu, tant et tant qu'il a commencé à perdre sa signification initiale». L'émergence de l'expérience utilisateur est non seulement le prolongement direct de la conception centrée sur l'utilisateur, mais aussi l'ambition d'englober en une seule approche tous les aspects qui ont trait aux interactions numériques et au support matériel de l'interface. Ce positionnement met en lumière la convergence du design d'interaction et de l'expérience utilisateur dès leur éclosion.

> **Orchestrer
> les composantes qui déterminent
> la qualité et le plaisir
> de l'interaction, tout en satisfaisant
> les objectifs business**

En traversant plusieurs décennies, la notion d'*expérience utilisateur* est devenue polysémique, note un groupe de chercheurs de l'INRIA ‹26›, dont ils soulignent la compréhension disparate entre chercheurs et professionnels. Pour eux, l'expérience utilisateur (UX) s'établit nécessairement en référence à l'utilisabilité, confondant conception et évaluation de l'interface, ce qui est un contresens de la description initiale proposée par Norman. Lui et Jacob Nielsen distinguent d'ailleurs les deux notions dans une explication sans ambiguïté : «d'après la définition de l'utilisabilité, il s'agit de la qualité que l'on attribue à l'interface utilisateur, comprenant la facilité d'apprentissage du système, l'efficience de son usage, l'agrément ressenti, etc. Il est très important de préciser que l'UX est un concept beaucoup plus vaste. ‹27› »

Le périmètre et les composantes de l'UX sont complexes à cartographier car, à mesure que sa pratique professionnelle mûrit, ils s'étendent. La notion d'expérience utilisateur a été « largement disséminée et rapidement adoptée dans la communauté des Interactions Homme-Machine ‹28› ». L'UX mobilise des notions et des méthodes issues de plusieurs pratiques, ce qui explique sa vocation holistique. Elle concerne d'ailleurs aussi bien le point de vue de l'utilisateur que l'angle *business*, c'est-à-dire les objectifs assignés au projet. Keith Instone y voit un terme ombrelle ‹29›, qui satisfait les besoins de collaboration entre les différentes familles professionnelles, en raison de son acceptation et de sa couverture sémantique étendue.

De nombreuses définitions de l'UX ont été énoncées et la norme ISO 9241-210 : 2010 a été définie en 2010 pour tenter de les faire converger : « La perception et les réponses résultant de l'utilisation et l'usage envisagé d'un produit, système ou service ».

De notre côté, nous pensons qu'il est aussi nécessaire d'inscrire la définition de l'UX dans son contexte historique et donc de mobiliser les définitions des commentateurs qui l'ont appréhendée à son émergence. C'est pourquoi nous retiendrons dans un premier temps la définition de Jesse James Garrett, qui fut le premier à la penser de façon opératoire et à l'appliquer aux projets Web : « L'expérience que génère le produit pour les personnes qui l'utilisent dans la vraie vie. Quand un produit est développé, les personnes portent une grande attention à ce qu'il fait. L'expérience utilisateur est l'autre terme de l'équation, souvent négligée, et qui s'intéresse à la façon dont le produit fonctionne. C'est cela qui, bien souvent, fait qu'un produit est un succès ou un échec ‹30› ».

Pour Jesse James Garrett, l'expérience utilisateur est articulée autour de cinq plans : la surface (le design visuel de l'interface), l'ossature (l'organisation spéciale de l'information et des éléments de l'interface), la structure (l'organisation des pages et la navigation à l'échelle du dispositif), l'envergure (le périmètre fonctionnel) et la stratégie (qui s'appuie sur

‹25›
Donald Norman, Jim Miller, Austin Henderson, « What you see, some of what's in the future, and how we go about doing it: HI at Apple Computer », Proceeding CHI '95 Conference Companion on Human Factors in Computing Systems, p. 155.

‹26›
Dominique Scapin, Bernard Senach, Brigitte Trousse, Marc Pallot, « User Experience: Buzzword or New Paradigm? », ACHI 2012, The Fith International Conference on Advances in Computer-Human Interactions, January 30-February 4, 2012, Valencia, Spain.

‹27›
Jakob Nielsen, Donald Norman, « The Definition of User Experience », consulté le 5 mai 2015. ‹http://www.nngroup.com/articles/definition-user-experience/›

‹28›
Effie Law, Virpi Roto, Marc Hassenzahl, Arnold Vermeeren, Joke Kort, « Understanding, Scoping and Defining User eXperience: A Survey Approach », CHI 2009 – User Experience, April 7th, 2009, Boston, MA, USA.

‹29›
Keith Instone, « User experience: an umbrella topic », Proceeding CHI EA '05 CHI '05 Extended Abstracts on Human Factors in Computing Systems, pp. 1087-1088.

‹30›
Jesse James Garrett, *The Elements of User Experience*, 2ᵉ édition, New Riders, 2011.

les besoins des utilisateurs et les objectifs du projet). À cette décomposition, il manque la référence aux interactions physiques et au design produit éventuels, car Garrett ne couvre que dans un premier temps le support formel (l'interface), avant d'étendre sa définition aux objets connectés.

La User Experience Professionals Association (précédemment Usability Professionals Association) avance une définition moins abstraite que celle de la norme ISO 9241-210, qui reformule différemment les éléments de l'expérience utilisateur : «Tous les aspects de l'interaction de l'utilisateur avec un produit, un service ou une entreprise, qui réunissent les perceptions de l'utilisateur en un tout. Le design d'expérience utilisateur comme discipline est organisé autour des éléments qui forment ensemble l'interface, en incluant l'organisation de l'information, le design visuel, le contenu, la marque, le design et l'interaction. Elle s'applique à coordonner ces éléments pour faciliter la meilleure interaction possible avec les utilisateurs ‹31›».

Jakob Nielsen et Donald Norman définissent pour leur part l'expérience utilisateur du point de vue du designer, comme un processus doté d'exigences à satisfaire : «Expérience utilisateur» comprend tous les aspects de l'interaction de l'utilisateur final avec l'entreprise, ses services et ses produits.

La première exigence pour une expérience utilisateur exemplaire est d'adhérer aux besoins exacts du client, sans détour ni peine. Ensuite, on s'attache à la simplicité et à l'élégance que suscitent les produits qui nous transportent dans leur possession comme dans leur usage. Une expérience utilisateur authentique va bien au-delà d'offrir aux clients ce qu'ils disent souhaiter ou fournir une liste de fonctionnalités. Pour atteindre une expérience utilisateur de haute tenue dans les offres d'une entreprise, une fusion harmonieuse de l'intervention de plusieurs disciplines doit s'opérer, en incluant l'ingénierie, le marketing, le design graphique et industriel et le design d'interface».

L'expérience utilisateur se joue donc non seulement dans la structure, la forme et les interactions perceptibles par l'utilisateur dans le produit ou le service, mais aussi dans les synergies requises pour l'assemblage de ses différentes dimensions, en conception. Elle décrit à la fois la démarche et ses effets, elle embrasse à la fois la démarche et la perception qui résulte de l'usage.

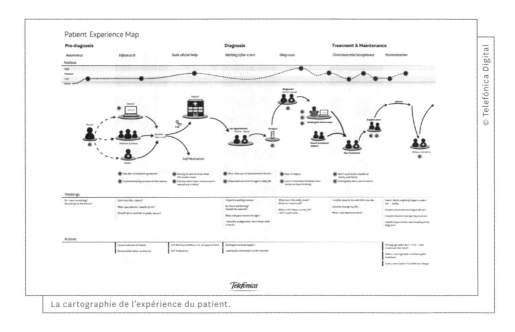

© Telefónica Digital

La cartographie de l'expérience du patient.

La place de l'expérience utilisateur
dans les étapes d'un projet

La principale difficulté rencontrée pour mettre en place une démarche UX consiste souvent en l'absence d'une approche centrée sur l'utilisateur dans les process de l'entreprise commanditaire. L'UX doit s'interfacer avec des cycles de projets qui ont trait au marketing, à la communication et à l'ingénierie. Elle doit aussi s'adapter aux réalités du terrain et aux spécificités de l'organisation interne du client <32>. D'expérience, il est difficile de suivre une unique et reproductible démarche projet. Cela ne signifie pas pour autant qu'aucun process ne doit être adopté. L'UX est une activité menée aussi bien pendant la définition des besoins que pendant la recherche utilisateur, l'exploration, le prototypage, la réalisation et l'évaluation : elle englobe potentiellement toutes les étapes d'un projet.

Les objectifs
de l'expérience utilisateur

Les objectifs de l'UX sont autant alignés sur les attentes *business* que sur les besoins des utilisateurs.

<31>
« UXPA, Usability Body of Knowledge, Glossary », consulté le 8 mai 2015. <https://uxpa.org/resources/definitions-user-experience-and-usability>

<32>
Eric Schaffer, Apala Lahiri, *Institutionalization of UX*, 2ᵉ édition, Addison Wesley, 2014, p. 67.

Les activités du design UX consistent à :
— mener l'ensemble des travaux de recherche sur les utilisateurs et les synthétiser dans des documents aisément communicables (personae, compte rendu, diagramme d'alignement…) ;
— consolider et interpréter les données d'analyse d'audience disponibles ;
— dresser un état de l'art concurrentiel ou sectoriel et rassembler la documentation nécessaire pour s'approprier la problématique du projet ;
— explorer un grand nombre de solutions de design envisageables et les raffiner pour formuler les hypothèses les plus pertinentes ;
— modéliser les scénarios d'usage et la cartographie de l'expérience ;
— formaliser l'architecture de l'information de l'interface et spécifier les comportements et les interactions ;
— mener des ateliers de conception avec l'ensemble des parties prenantes du projet, faciliter le design participatif, le cas échéant ;
— prototyper et tester l'interface du produit ou du service ;
— communiquer et diffuser les livrables en fonction de l'audience.

Les principaux
livrables

Comme l'architecture de l'information et les autres pratiques de design, l'expérience utilisateur s'appuie sur une formalisation des livrables qui laisse une place dominante à la représentation graphique. L'UX design comprend à la fois des livrables de synthèse (de la recherche utilisateur) et des livrables de conception (en recoupement / complémentarité avec l'architecture de l'information). Leur vocation est de maintenir la meilleure communication possible au sein de l'équipe projet et de partager une vision commune du projet avec ses différentes parties prenantes. Comme pour l'architecture de l'information, certains de ces livrables n'ont pas toujours vocation à s'établir au premier plan de la démarche projet. Mais leur formalisation reste souvent cruciale pour répondre à la complexité des enjeux du projet car elle contribue à clarifier, expliciter et mettre en évidence les difficultés ou points d'attention éventuels : ce sont les atouts de la « pensée visuelle ». Il est également de la responsabilité du designer d'apporter non seulement de l'intelligence et du sens à travers les livrables, mais aussi une qualité de formalisation exigeante <33>, facteur tout aussi important du succès du projet.

La formalisation des livrables peut de fait devenir une activité importante dans le projet, en fonction des attendus et de la façon dont les équipes débattent et approuvent les choix structurants du design. Dès lors, quels livrables UX est-il nécessaire de produire dans un projet? La réponse fait l'objet d'une controverse dans la profession. Certains, comme Jeff Gothelf <34>, opposent à la documentation du projet une approche radicale, inscrite dans la démarche dite agile, qui consiste à se séparer le plus possible de la formalisation de livrables. Pour lui, les livrables cristallisent certes la valeur de la démarche UX en interne et auprès du client dans un projet, mais, avec la maturation et la diffusion de la pratique, l'effort de formalisation ne se justifie plus autant. Gothelf adresse à la formalisation des livrables trois principales critiques:
— préparer des livrables, c'est se détourner de l'objectif du projet, car on est davantage concentré sur la qualité du livrable en lui-même que sur la recherche de la qualité de l'expérience;
— consacrer du temps aux livrables, c'est aboutir à d'importants gaspillages de ressources, en temps et en énergie, car il ne leur sera pas beaucoup fait référence au cours du projet;
— adopter une démarche projet qui repose sur des livrables détaillés, c'est se lancer dans un long cycle de formalisation du design qui peut paralyser les décisions du projet et faire oublier sa finalité qui est la sortie d'un produit ou d'un service.

La volonté de l'approche agile est de privilégier une démarche présentée comme plus authentique, car plus rapide, plus efficiente, plus concentrée sur les aspects cruciaux de l'expérience. L'approche traditionnelle est abandonnée au profit d'une formalisation frugale qui laisse place à une implémentation fondée sur des cycles d'échanges précoces, courts et nombreux. On travaille de préférence à partir d'éléments en basse fidélité. Cela présente l'intérêt de pouvoir «aligner» fréquemment l'équipe projet autour d'une vision univoque, d'associer les équipes de développement à la conception et de relever au plus tôt les écueils techniques. Les modifications et réorientations du projet deviennent plus souples et moins coûteuses que dans une approche classique.

<33>
Voir à ce sujet l'article de Barnabas Nagy sur UX Matters, « Expressing UX Concepts Visually », consulté le 8 mai 2015. <http://www.uxmatters.com/mt/archives/2012/05/expressing-ux-concepts-visually.php>

<34>
Jeff Gothelf, « Lean UX: Getting Out Of The Deliverables Business », Smashing Magazine, 2011, consulté le 8 mai 2015. <http://www.smashingmagazine.com/2011/03/07/lean-ux-getting-out-of-the-deliverables-business/>

L'approche agile UX peut être très pertinente dans certaines configurations de projet, notamment lorsque les délais sont particulièrement contraints. Là où ses promoteurs font preuve de pertinence, c'est lorsque le projet exige une actualisation continue des livrables qui ne fait pas sens. En effet, les livrables UX peuvent rapidement devenir obsolètes en raison des évolutions du projet et des différences qui peuvent être apportées lors des phases ultérieures (design de l'interface, développement front-office et développement back-end). C'est une dissipation d'efforts inutiles car le prototype est souvent devenu la référence commune, qui cristallise la vision du projet. Pour autant, ce n'est pas la réponse ultime. Notre point de vue est qu'à chaque contexte projet, la quantité et le périmètre de livrables doivent être ajustés. Se lancer trop tôt dans le prototypage peut s'avérer contre-productif si la recherche de solutions n'est pas suffisamment aboutie. Certains clients attacheront beaucoup d'importance à la présence des livrables dans le processus, notamment si le projet est tributaire de nombreuses étapes de validations internes.

Parmi les principaux livrables, nous trouverons le compte rendu / synthèse d'entretiens individuels, le compte rendu / synthèse d'observations sur le terrain, la carte d'empathie, le diagramme d'alignement, les personae, le modèle mental, l'analyse des tâches, le tri par cartes, le parcours utilisateur, le benchmark et analyse concurrentielle, la cartographie de l'expérience, les *user stories*, le scénario d'usage, l'arborescence, le diagramme de tâches et de flux, les interfaces filaires et le prototype.

Qui prend en charge l'expérience utilisateur ?

Dans l'idéal, l'expérience utilisateur échoit à des professionnels bénéficiant d'une solide formation et/ou expérience dans le domaine. Beaucoup ont exercé comme architecte de l'information ou ergonome des interfaces. Les profils d'ergonomes ayant essentiellement travaillé en recherche sont moins adaptés à la fonction, car leur capacité à formaliser est moins développée.

Dans la réalité du projet, et selon la culture et l'organisation interne, la nature des intervenants peut être très variable. Dans les structures de taille modeste (moins de 10 collaborateurs), les rôles sont beaucoup moins spécialisés que dans les structures de taille conséquente (à partir de 30 collaborateurs); la polyvalence y est donc de rigueur. Dans ce cas, l'UX peut être prise en charge par un chef de projet, un designer d'interface ou un consultant. Il est fréquent qu'en agence un chef de projet soit formé à l'UX et cumule plusieurs responsabilités. Pour autant, les activités de l'UX sont diversifiées: management d'équipe, recherche utilisateur, prototypage… Certaines de ces activités, qui requièrent une maîtrise conceptuelle avancée (recherche utilisateur) ou un savoir-faire technique (prototypage), ne peuvent pas être confiées à des non-spécialistes, ce qui nécessite le recours ponctuel à des intervenants freelance.

Les apports de l'expérience utilisateur

En conception, l'expérience utilisateur permet de:
— développer une meilleure connaissance des attentes et des besoins des utilisateurs, mais aussi de leurs capacités et de leurs limitations, et éviter ainsi de développer des fonctionnalités inutiles;
— identifier et valider plus facilement la bonne problématique à résoudre;
— matérialiser, tester et valider les hypothèses de solutions proposées lors du projet, cela de façon itérative;
— faciliter la collaboration et la communication avec l'équipe de développement en partageant très tôt les livrables en réduisant les risques, le temps et les coûts de développement;
— différencier le produit ou le service en termes de valeur perçue et procurer un avantage compétitif, voire faciliter la découverte de solutions de conception novatrices.

Dans les usages, l'expérience utilisateur permet de:
— améliorer l'utilisabilité du produit ou du service (réduire les erreurs, faciliter l'apprentissage, etc.), permettre aux utilisateurs d'accomplir plus rapidement et plus efficacement leurs tâches;
— proposer des solutions de design qui rendent le produit désirable et qui engagent l'utilisateur dans le plaisir de l'interaction avec lui;
— satisfaire et fidéliser les utilisateurs, améliorer la perception de la marque ou de l'organisation;
— agir sur la performance du système: que ce soit en termes de rapidité de chargement des pages, de taux de rebond ou de conversion.

Design
d'interaction

À l'articulation
du design industriel et du design
d'interface logicielle

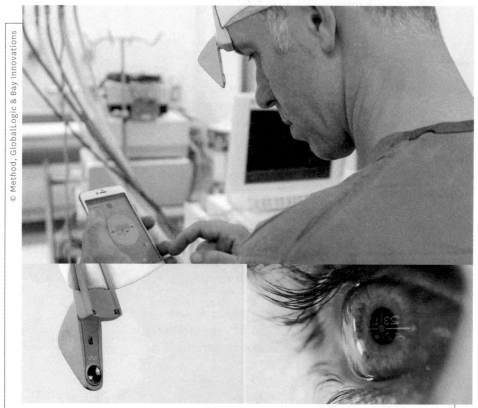

© Method, GlobalLogic & Bay Innovations

Vivi, affichage tête haute pour aider le personnel médical à suivre les indicateurs vitaux des patients.
Le dispositif permet de limiter le recours aux écrans tout en apportant de l'information critique.

Dans les années 1970, le centre de recherche de Xerox à Palo Alto a mis au point une alternative aux interfaces en ligne de commande, en implémentant dans ses systèmes d'exploitation Altus et STAR une nouvelle méthode de dialogue, fondée sur la manipulation gestuelle par la médiation de la souris. Ce dispositif a abouti aux interfaces graphiques, popularisées en 1984 par le Macintosh d'Apple. Ces travaux anticipent, à la fin de la décennie, ceux du designer anglais Bill Moggridge qui collabore avec GRiD Systems Corporation sur l'un des premiers ordinateurs portables, commercialisé en 1982, GRiD Compass. En 1983, il achète pour son fils une montre digitale qui lui fait prendre conscience de la nécessité d'apprendre à concevoir des contrôles pour des produits embarquant de l'électronique. Ces expériences le conduisent à entrevoir progressivement une nouvelle discipline de design qui consisterait à concevoir des expériences « appliquées aux interfaces logicielles et aux comportements électroniques telles qu'[il] les envisageait pour les objets physiques ». Pour Bill Moggridge, il s'agit de « créer des solutions créatives et attractives dans un monde virtuel, où des comportements, des animations, des sons et des formes pourraient émerger. Ce serait l'équivalent du design industriel mais pour le logiciel plutôt que pour des objets tridimensionnels ‹35› ».

En 1984, il donne une conférence dans laquelle il décrit cette démarche comme « soft-face », combinaison de « software » (logiciel) et de « user interface design » (design d'interface utilisateur). Un peu plus tard, avec l'aide de Bill Verplank, Bill Moggridge introduit le terme « interaction design » (design d'interaction) et crée une équipe de designers d'interaction à San Francisco. La pratique assemble des compétences de design d'information, de design graphique et de design industriel.

Design d'interaction décrit alors l'articulation entre la composante numérique (*software*) des produits informatisés et leur composante matérielle (*hardware*). Ainsi, Moggridge puise autant ses références dans le design d'interface que le design industriel, dont le design d'interaction propose, en quelque sorte, une hybridation adaptée aux besoins de production des objets numériques. Pour lui, « les designers de produits issus des technologies numériques ne considèrent plus leur travail comme consistant à faire le design d'un objet physique – beau ou utile – mais comme consistant à faire le design des interactions avec lui. »

En 1990, Gillian Crampton-Smith crée un département « computer-related design » au Royal College of Art à Londres, qu'elle renommera ensuite « Design interactions ». La Carnegie Mellon University officialise le premier *Master of Design in Interaction Design* en 1994. Pourtant, l'usage du terme demeure confidentiel jusqu'aux années 1990, où il est redécouvert par les designers.

‹35›
Bill Moggridge,
Designing Interactions,
The MIT Press,
2007, p. 14.

Designer
le comportement
des objets numériques
et interactifs

Terme ombrelle, le design d'interaction dispose de frontières poreuses avec les interactions homme-machine (IHM), le design d'interface, le design d'expérience utilisateur et le design industriel. C'est une pratique de design jeune, qui cherche encore à se définir par de nombreux aspects. Le périmètre de son champ d'intervention est étendu, comme le rappelle Dan Saffer : logiciels, robots, objets connectés, appareils médicaux, environnements interactifs.

Pour IxDA, association professionnelle américaine, le design d'interaction se définit comme « la structure et le comportement des systèmes interactifs. Les designers d'interaction s'efforcent de créer des relations signifiantes entre les personnes, les produits et les services qu'elles utilisent, des ordinateurs aux terminaux mobiles et au-delà. Ces pratiques sont évolutives ‹36› ».

John Kolko ‹37› envisage le design d'interaction comme « la création du dialogue entre une personne, un produit, un service ou un système. » Pour Dan Saffer, qui considère que le design d'interaction est une méthode de résolution de problèmes, il existe trois approches :
— une approche techno-centrée : il rend la technologie facile d'usage ;
— une approche comportementale : il définit le comportement des objets, des environnements et des systèmes ;
— une approche sociale : il rend possible la communication entre les personnes par l'intermédiaire d'un objet.

Gillian Crampton Smith résume le design d'interaction par une formule simple : « il donne forme à notre quotidien à travers des produits digitaux – pour travailler, pour jouer et pour se divertir. » Selon elle, le design d'interaction développe un langage unique pour mobiliser les technologies numériques. Ce langage prend quatre dimensions : les mots (qui désignent les actions à accomplir dans l'interface), les représentations visuelles (pour désigner des notions plus ou moins complexes), les objets physiques ou l'espace (pour orienter et expliciter le sens des actions), le temps (qui met en scène des histoires).

La mise en œuvre du design d'interaction dans un projet

© Sen.se

Mother, objet connecté programmable, centralise les informations recueillies par des capteurs (les motion cookies), afin de les restituer aux utilisateurs dans différentes applications pour surveiller sa maison, suivre sa consommation de café ou encore mesurer la température d'une pièce.

La place du design d'interaction dans les étapes d'un projet

Le design d'interaction a pour vocation de former en lui-même une démarche projet. Contrairement au design d'expérience utilisateur ou au design d'interface, il ne représente pas une étape spécifique du projet. Comme le souligne Alan Cooper, le design d'interaction «est plus important que la somme de ses parties».

Les objectifs et activités du design d'interaction

La vocation principale du design d'interaction est de trouver les scénarios, formes et techniques par lesquels hybrider la matière numérique avec le matériel. Il cherche à créer des expériences augmentées et

<36>
IxDA, consulté le 14 novembre 2015. <http://www.ixda.org/about/ixda-mission>

<37>
John Kolko, *Thoughts on Interaction Design*, 2e édition, Morgan Kaufmann, 2011.

connectées qui donnent corps à l'information numérique. Le design d'interaction articule les interactions numériques et les interactions mécaniques d'un produit ou d'un espace numérique.

C'est une approche de projet globale qui comprend le recueil de besoins, la modélisation, l'exploration de solutions, le prototypage et l'évaluation de la solution envisagée. L'accent est davantage placé sur le prototypage et le *faire* que sur la documentation du projet.

Alan Cooper a popularisé la méthode de design centré sur les objectifs des utilisateurs, qui combine selon lui six composantes : la recherche utilisateur et la compréhension des attentes du client, la modélisation du comportement des utilisateurs et du contexte, la définition des besoins en termes d'usage et de technologie, le cadre dans lequel les solutions de design sont formalisées, le raffinement du comportement, de la forme et du contenu de la solution et enfin le support à la phase de développement technique.

Les principaux livrables

Le design d'interaction s'appuie particulièrement sur les scénarios et le prototypage pour communiquer sa démarche et ses apports. Il englobe aussi potentiellement les livrables des autres pratiques de design interactif.

Parmi les principaux livrables, nous trouverons les entretiens, les personae, le compte rendu d'observation en contexte, l'analyse des tâches, les crayonnés, les scénarios, le diagramme de flux, document de spécification des comportements, le prototype physique et interactif, vidéo et le produit final (objet connecté, environnement numérique…).

Qui prend en charge le design d'interaction ?

Le designer d'interaction conçoit des produits et des services numériques. Sa démarche consiste à définir la façon dont les personnes, les produits et les services dialoguent. Il imagine la forme et le comportement d'objets, d'interfaces ou d'environnements numériques. Les interactions en jeu concernent aussi bien la dimension numérique des produits que leur dimension physique et mécanique. Très souvent, il s'adjoint des compétences en électronique et en design produit.

Le design d'interaction convoque un vaste spectre d'expertises : psychologie cognitive, anthropologie, sociologie, design et ingénierie.

Alan Cooper souligne dans la préface d'*About Face* l'étroite collaboration des designers et des développeurs dans la démarche de design d'interaction.

Le *creative technologist*, un profil hybride entre création et technologie, peut être l'un des acteurs du design d'interaction. Il identifie les nouveaux usages, les prototypes et contribue à la recherche et au développement.

En France, dans les écoles de design, les cursus en design d'interaction en cinq ans accueillent des designers d'abord formés en design industriel qui se spécialisent à partir de la 2ᵉ ou de la 3ᵉ année en design d'interaction.

Les apports
du design d'interaction

En conception, le design d'interaction permet de :
— fournir le cadre dans lequel ingénieurs, designers et autres intervenants du projet peuvent dégager une compréhension partagée des besoins et des comportements des utilisateurs et de la technologie à mobiliser ;
— adopter le point de vue des utilisateurs finaux ;
— explorer différentes alternatives dans une approche hautement itérative.

Dans les usages, le design d'interaction permet de :
— développer le plaisir de l'interaction avec le produit ;
— humaniser la technologie digitale en créant une expérience mémorable et efficiente et en intégrant de l'émotion dans les produits ;
— faciliter la communication entre les personnes à travers des produits ;
— innover en termes d'usages pour répondre à des problématiques sociétales (santé, mobilité et transport, éducation, énergie, culture, etc.).

Design d'interface et Web design

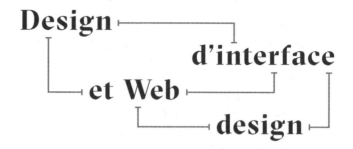

Aux origines du design d'interface :
la question du dialogue
avec le système informatique

© Xerox PARC

Xerox Alto OS, la première interface graphique, 1973.

Pour reprendre Michel Beaudouin-Lafon, « depuis qu'existent les ordinateurs, la question de l'interface avec les utilisateurs s'est posée <38> ».

Le design d'interface est souvent ramené au design d'interface graphique, qui fut imaginé comme une alternative aux interfaces en ligne de commande, au début des années 1960, par Ivan Sutherland <39>.

L'évolution des interactions homme-machine s'inscrit dans une succession d'étapes où les progrès techniques permettent d'envisager de nouvelles façons de dialoguer avec les ordinateurs. La recherche académique y a joué un rôle très important. On distingue quatre grandes étapes de cette évolution : le traitement par lot (avec les cartes perforées), le temps partagé (avec les interfaces en ligne de commande), les interfaces graphiques (avec la métaphore du bureau), et les interfaces post-WIMP (qui n'utilisent pas de menus, de formulaires, de barres d'outils mais reposent sur la reconnaissance gestuelle et vocale). Au début des années 1960, les ordinateurs en temps partagé privilégient la saisie de lignes de commandes textuelles, qui permettent pour la première fois de mener un dialogue en temps réel. La spécificité de ce type d'interface réside dans la nécessité de mémoriser une syntaxe de commandes souvent complexe. Aujourd'hui, cette technique d'interaction perdure, au sein de certains systèmes, bien que les interfaces graphiques soient devenues le mode de dialogue le plus répandu.

Ivan Sutherland a développé SketchPad entre 1960 et 1963 dans le cadre de sa thèse au MIT Lincoln Laboratory. En véritable précurseur des logiciels de CAO (Conception Assistée par Ordinateur), il est le premier à avoir intégré la représentation graphique au sein de l'interface. L'innovation consiste alors à utiliser conjointement un écran cathodique et un crayon optique pour permettre l'édition graphique de dessins techniques.

À partir du milieu des années 1960, la recherche commence à envisager de nouveaux types d'interfaces, qui convergent vers ce qu'on pourrait nommer des interactions plus naturelles. Les interfaces en langage naturel regroupent notamment les interfaces tactiles, gestuelles et vocales.

Ainsi, «Une interface naturelle propose à l'utilisateur de dialoguer avec le système en utilisant les moyens d'expression qui lui permettent habituellement d'exprimer sa pensée, par opposition aux langages informatiques, aux lignes de commande ou aux interfaces graphiques. Elles établissent ainsi un dialogue homme-machine dans lequel l'interface est invisible ou implicite <40>». Les premières interfaces tactiles sont développées dans la deuxième partie des années 1960. Il faudra attendre 2007 et la sortie de l'iPhone pour que la technologie devienne un succès commercial à grande échelle. En quelques années, l'interaction multi-touch est devenue un standard dans l'industrie. Aujourd'hui, les interactions se font de plus en plus «organiques», c'est-à-dire permettant aux supports, notamment aux écrans, de changer de forme. Les écrans flexibles relèvent en partie des interfaces organiques.

<38>
Michel Beaudouin-Lafon, «40 ans d'interaction homme-machine : points de repère et perspectives», Interstices, 2007, consulté le 8 mai 2015. <https://interstices.info/jcms/c_23015/40-ans-dinteraction-hommemachine-points-de-repere-et-perspectives>

<39>
SketchPad, développé par Ivan Sutherland au début des années 1960 et publié dans sa thèse de doctorat en 1963, est considéré comme la première interface graphique.

<40>
Ouvrage collectif, Le Design des interfaces numériques en 170 mots-clés, Dunod, 2013, p89.

Influencées par SketchPad, les premières interfaces graphiques destinées à une exploitation commerciale font rapidement leur apparition dans le courant des années 1970. Dynabook est un projet d'ordinateur portable à destination des jeunes enfants, pour un usage récréatif, commercialisé en 1972. L'année suivante, Xerox Alto marque l'époque en intégrant la première souris auprès du grand public. C'est également la première fois que la métaphore du bureau est utilisée.

Enfin, en 1981, Xerox Star présente l'innovation d'un affichage Bitmap, une interface graphique en fenêtres avec des dossiers que l'on peut classer ainsi qu'une souris à deux boutons. L'interface, dont le caractère intuitif a été particulièrement travaillé, est fondée sur le principe d'objets à sélectionner avec la souris et un curseur sur l'écran.

À la fin des années 1980, Apple rend les interfaces graphiques accessibles au grand public en les simplifiant. Apple Lisa, en 1982, s'inspire du travail de Xerox avec une souris et une interface graphique optimisée afin de faciliter le travail sur ordinateur. Enfin, c'est le Macintosh avec une interface graphique plus aboutie qui, en 1984, permet à Apple de rencontrer le premier succès commercial. Ce succès favorisera le développement du paradigme WIMP, qui émerge à cette date.

Lorsque le Word Wide Web est annoncé publiquement en 1991, Tim Berners-Lee et son équipe ont imaginé des pages textuelles reliées entre elles par l'hypertexte, consultées dans un navigateur en ligne de commande. Ses capacités graphiques sont très limitées puisqu'il affiche du texte vert sur fond noir. En 1993, Mosaic est le premier navigateur à pouvoir afficher des images en ligne avec du texte au lieu de les afficher dans une fenêtre séparée. Pour structurer l'information en colonnes, il faut avoir recours à des tableaux, y compris après l'invention des feuilles de style en cascade (CSS). Il s'agit alors de faire évoluer HTML d'un langage de structuration vers un langage de présentation. Les limitations sont parfois compensées par l'usage de l'outil d'animation vectorielle Flash, qui apporte une interactivité plus sophistiquée et permet de tendre vers les interfaces riches.

Le design d'interface graphique n'est au final que l'une des nombreuses facettes du design d'interface qui s'applique aussi bien aux logiciels qu'aux sites Web, aux jeux vidéo ou à tout dispositif nécessitant à des utilisateurs d'interagir avec un système abstrait.

Le design d'interface : faire dialoguer les sens avec un système informatique

Les définitions les plus récentes du design d'interface (*UI* pour *user interface*) insistent sur sa distinction avec le design d'expérience utilisateur (*UX* pour *User eXperience*). En anglais, *design d'interface* est souvent assimilé à *visual design* (littéralement *design visue*), par complémentarité au design d'interaction et au design d'*expérience utilisateur*. Le designer Luke Wroblewski propose de les articuler de la façon suivante ‹41› :
« — L'architecture de l'information définit la structure de l'information (q ui peut exister sous diverses formes) ;
— Le design d'interaction permet aux personnes de manipuler et de contribuer à/créer cette information ;
— Le design visuel communique ces possibilités aux personnes et suscite des affinités avec elles (désirabilité) ;
— L'expérience utilisateur est la somme de ces considérations. »

Pour Wilbert O. Galitz, « l'interface utilisateur est la partie d'un ordinateur et de son logiciel que les personnes peuvent voir, entendre, toucher, etc. Elle dispose de deux composantes : l'entrée (*input*) et la sortie (*output*). L'entrée est la façon dont une personne communique ses besoins ou ses demandes à l'ordinateur. Des entrées courantes sont le clavier, la souris, le trackball, les doigts (pour les écrans tactiles) et la voix (pour les instructions vocales). La sortie est la façon dont l'ordinateur retranscrit les résultats de ses calculs et ses réactions à l'utilisateur ‹42› ».

Par design d'interface, il faut donc entendre le support par lequel les sens humains communiquent avec un système technique abstrait, l'ordinateur.

Le design d'interface peut s'incarner dans une diversité de formes. Aux interfaces graphiques, qui constituent la représentation la plus standard et éprouvée, s'ajoutent de nombreux types d'interfaces dites non traditionnelles. D'après Philip Kortum ‹43›, les interfaces non traditionnelles « couvrent tous les sens humains » et peuvent faire référence à des dispositifs aujourd'hui largement déployés (comme les interfaces vocales) ou beaucoup plus rares (comme les interfaces gustatives). Kortum a repéré onze principaux types d'interfaces :

‹41›
« Defining User Experience », consulté le 8 mai 2015.
‹http://www.lukew.com/ff/entry.asp?797›

‹42›
Wilbert O. Galtiz, *The Essential Guide to User Interface Design*, Wiley, 2007, p. 4.

‹43›
HCI Beyond the GUI, « Introduction to the Human Factors of Nontraditional Interfaces », 2008, p. 1.

— les interfaces haptiques ‹44› (*haptic interfaces*) ;
— les interfaces gestuelles (*gestural interfaces*) ;
— les interfaces mouvantes (*locomotion interfaces*) ;
— les interfaces auditives (*auditory interfaces*) ;
— les interfaces vocales (*speech user interfaces*) ;
— les interfaces vocales interactives (*interactive voice response interfaces*) ;
— les interfaces olfactives (*olfactory interfaces*) ;
— les interfaces gustatives (*taste interfaces*) ;
— les interfaces miniatures (*small-screen interfaces*) ;
— les interfaces multimodales (*multimodal interfaces*).

© Leap Motion

Leap motion, un capteur destiné aux interfaces gestuelles.

Certains types, comme les interfaces olfactives ou gustatives constituent davantage des objets de recherche que des applications abouties.

Concrètement, les interfaces peuvent être aussi bien des sites Web, des logiciels, des objets connectés, des vêtements intelligents, des environnements sensibles que des robots.

Le Web design est la création du design visuel et du dialogue avec les utilisateurs pour l'interface d'un site ou d'une application. Il s'applique à tous les types d'interfaces affichées dans un navigateur. Par création du design visuel, on entend la définition de la structure de modèles de pages, le choix et l'application d'une identité graphique, la mise en forme de la typographie des contenus, de la navigation, des éléments d'interface (boutons, contrôles, conteneurs…) et tout ce qui a trait à l'apparence de l'interface. Par dialogue, on entend la définition des interactions avec l'utilisateur, soit la façon dont sont représentées et mises en scène les entrées et sorties de l'interface. Il s'agit également de rendre fonctionnels les différents éléments du site ou de l'application tels que la navigation. Le Web design décrit aussi les développements qui s'opèrent au niveau de la surface visible dans le navigateur (*front-end*), afin de s'assurer que le format de l'information y est pertinent.

La mise en œuvre du design d'interface dans un projet de design interactif

La place du design d'interface dans les étapes d'un projet

Le design d'interface est une activité qui ne prend place qu'après avoir réuni les éléments de la recherche utilisateur et avoir formalisé une partie de l'expérience utilisateur, notamment l'arborescence et les interfaces filaires. Pour construire le design visuel de l'interface, l'architecture de l'information et les interactions doivent être préalablement clarifiées. Le design d'interface est l'étape qui précède l'implémentation, à travers le développement front-office et les spécifications fonctionnelles. Comme toutes les autres étapes du projet, le design d'interface est une démarche itérative, qui permet de raffiner et de préciser successivement les solutions proposées.

Les objectifs du design d'interface

Les activités du design d'interface consistent à :
— mener les premières explorations du design de l'interface sous la forme de *mood boards*, de crayonnés ou de maquettes initiales ;
— organiser et créer les représentations graphiques appropriées pour exprimer le contenu des messages de l'interface, en lien avec son contexte, les objectifs de l'émetteur et les besoins des utilisateurs ;

‹44›
Une interface haptique permet d'interagir avec un système informatique en reproduisant des sensations tactiles et des mouvements.

— élaborer la structure des gabarits de page identifiés ;
— sélectionner les éléments d'interface pertinents pour la mise en scène des contenus, en veillant à la facilité d'utilisation ;
— formaliser la navigation et les repères dans l'interface ;
— définir le style visuel de l'interface : typographie, couleurs, grammaire de formes, iconographie, etc. ;
— appliquer et interpréter l'identité graphique du client tout en veillant à maintenir une cohérence dans les choix ;
— mettre en scène les interactions à l'échelle de l'interface (états, survols) ;
— formaliser le guide de style qui décrit l'ensemble des règles et principes graphiques à appliquer.

Les principaux livrables

Les livrables du design d'interface sont l'articulation critique entre l'expérience utilisateur et le développement *front* et *back-end*. Ils matérialisent la façon dont les solutions d'interface sont communiquées aux équipes de développement. Pour limiter les risques liés à une interprétation partielle ou erronée des livrables, les maquettes doivent être documentées avec précision, notamment en ce qui concerne les interactions complexes.

Parmi les principaux livrables, nous trouverons les crayonnés (dans la phase amont du projet), le *story-board*, les *mood boards* (premières intentions graphiques), les maquettes graphiques et fichiers sources (.psd, .ai) et le guide de style.

Qui prend en charge le design d'interface ?

Le design d'interface est assuré par le Web designer, le directeur artistique digital, le designer d'interface et garanti par le directeur de création, qui ne prend pas nécessairement part à la production mais guide l'ensemble du processus. On distingue généralement le travail de direction artistique, qui consiste à créer les premiers écrans et à définir les choix structurants, du travail de déclinaison graphique, qui consiste à utiliser comme modèle les gabarits structurants pour maquetter les pages secondaires.

Les apports
du design d'interface

En conception, le design d'interface permet de :
— être un vecteur de communication et de collaboration pour les équipes autour d'un langage commun (le langage graphique de l'interface) ;
— préparer la réalisation du prototype à partir des maquettes, pour montrer aux développeurs la façon dont ils implémenteront les fonctionnalités prévues ;
— faire le lien entre la modélisation de l'expérience et l'implémentation finale de l'interface ou du produit et donc préciser la vision initiale ;
— laisser les développeurs se concentrer sur les solutions techniques à mettre en œuvre plutôt que les laisser se demander à quoi ressemblera l'interface et quel sera son comportement ;
— donner vie aux idées et aux scénarios en proposant des représentations porteuses de sens, qui renforcent et complètent l'expérience utilisateur.
Dans les usages, le design d'interface permet de :
— renforcer l'image de l'entreprise ou de l'organisation, de faciliter sa reconnaissance et d'améliorer la qualité effective et perçue du produit ou du service ;
— communiquer avec efficience les messages et aider les utilisateurs à interagir avec l'information, à s'orienter dans l'interface, à accomplir leurs tâches ;
— faciliter l'apprentissage de l'interface et contribuer à l'acceptation et l'appropriation des technologies qui sont à l'œuvre dans le produit ou le service ;
— contribuer à renforcer la facilité d'usage et la performance de l'interface.

Ergonomie
des interfaces
et utilisabilité

Aux origines
de l'ergonomie des interfaces :
adapter le système aux
utilisateurs et non l'inverse

© The Eye Tribe

The Eye Tribe, système d'oculométrie (*eye tracking*).

Au cours de l'histoire, les facteurs humains et l'ergonomie ont démultiplié progressivement leurs domaines
d'intervention pour s'appliquer à ceux plus en pointe.
Ils trouvent leur origine dans l'aviation militaire (autour
de la 2e Guerre mondiale), puis se sont diversifiés dans
l'informatique (à partir des années 1960), l'industrie
des logiciels (à la fin des années 1970), pour s'étendre
plus récemment au design des interfaces Web (depuis
le milieu des années 1990) <45>. Les origines de l'ergonomie des interfaces (*Usability* en anglais) s'inscrivent
dans le mouvement des Interactions Homme-Machine
(IHM), où infusent les références à l'informatique, la

psychologie (cognitive), la sociologie, l'anthropologie et le design industriel des produits interactifs <46>. L'ergonomie des interfaces est sans conteste la pratique la plus ancrée dans la démarche scientifique, en comparaison de l'architecture de l'information, de l'expérience utilisateur, du design d'interface et du design d'interaction.

Le terme ombrelle d'utilisabilité (*Usability*) a d'ailleurs été introduit par John Bennett, dans un article scientifique de 1979 <47> sur l'ingénierie logicielle. *Usability* décrit la caractéristique de l'interface. Bennett propose de nouvelles méthodes de conception pour favoriser la productivité, en s'intéressant notamment à la facilité d'utilisation des interfaces numériques.

L'utilisabilité (ou usabilité) est définie par la norme ISO 9241-11 comme le «degré selon lequel un produit peut être utilisé, par des utilisateurs identifiés, pour atteindre des buts définis avec efficacité, efficience et satisfaction, dans un contexte d'utilisation spécifié».

Dans les années 1980, plusieurs publications universitaires et scientifiques contribuent à ancrer l'utilisabilité dans le domaine académique, où il est question d'«améliorer l'usage humain des ordinateurs <48>» et de méthodologies de conception et d'évaluation des interfaces. Le besoin émerge aussi sur le terrain, où la démocratisation et le renouvellement croissants des produits technologiques, l'évolution technique et l'innovation font que l'utilisabilité devient un enjeu de conception et de différenciation.

Donald Norman publie en 1988 *Psychology of Everyday Things*, renommé ensuite *Design of Everyday Things* <49>. Cet ouvrage fait date et relie psychologie, principes d'utilisabilité et design centré sur l'utilisateur. Normaliser l'utilisabilité, à travers l'énonciation de critères d'ergonomie, devient une façon de répondre à cette intégration toujours plus avancée des systèmes techniques dans le quotidien. Ainsi, les méthodes de l'utilisabilité se diffusent progressivement et Jakob Nielsen les synthétise dans l'ouvrage de référence *Usability Engineering* <50>.

L'utilisabilité des interfaces Web apparaît au premier plan des préoccupations de l'ergonomie à la fin des années 1990, sous l'impulsion de Jakob Nielsen qui lui consacre plusieurs ouvrages <51> et publie régulièrement des articles sur le site <www.nngroup.com>. Fait symboliquement intéressant, en 2012, l'Usability

<45>
Sur l'histoire de la discipline, Eric Brangier et Annie Drouin ont écrit un passionnant documentaire en ligne, *Histoire(s) de l'ergonomie*, produit par l'université de Lorraine, qui en retrace les évolutions, consulté le 10 mai 2015. <http://www.canal-u.tv/producteurs/universite_de_lorraine/histoire_s_de_l_ergonomie>

<46>
ACM SIGCHI Curricula for Human-Computer Interaction, p. 6.

<47>
John L. Bennett, «The Commercial Impact of Usability in Interactive Systems», Man-Computer Communication, pp 1-17, 1979.

<48>
Ben Schneiderman, *Software Psychology: Human Factors in Computer and Information Systems*, Winthrop Computer Systems Series, 1980.

<49>
Donald Norman, *The Design of Everyday Things*, 4ᵉ édition révisée, Basic Books, 2013.

<50>
Jakob Nielsen, *Usability engineering*, Morgan Kaufmann, 1993.

<51>
Jakob Nielsen, *Designing Web Usability*, New Riders, 1999.

Professionnals Association (UPA) change son nom pour User eXperience Professionals Association (UXPA), qu'elle justifie en soulignant l'évolution des titres professionnels de ses membres vers l'UX et la nécessité d'y englober la diversité de leurs pratiques.

L'ergonomie des interfaces : la facilité d'usage et les méthodes pour y parvenir

La grande majorité des définitions de l'ergonomie des interfaces et de l'utilisabilité convergent et présentent un périmètre bien délimité.

L'Human Factors and Ergonomics Society définit l'ergonomie comme « la discipline scientifique qui s'intéresse à la compréhension des interactions entre les humains et les autres éléments d'un système, et la profession qui applique la théorie, les principes, les données et les autres méthodes de conception afin d'optimiser le bien-être des personnes et la performance globale du système <52> ».

Nielsen définit l'utilisabilité <53> comme la qualité qui détermine le degré de facilité avec laquelle les interfaces utilisateurs peuvent être utilisées. Le terme « utilisabilité » fait référence aux méthodes qui permettent d'améliorer la facilité d'usage pendant la démarche de conception. Pour lui, l'utilisabilité est caractérisée par cinq composantes :

1 — La facilité d'apprentissage : l'aisance pour les utilisateurs d'accomplir des tâches élémentaires lorsqu'ils sont confrontés à l'interface pour la première fois.

2 — L'efficience : une fois que les utilisateurs se sont familiarisés avec l'interface, avec quelle rapidité peuvent-ils accomplir leurs tâches ?

3 — La mémorisation : quand les utilisateurs reviennent à l'interface après un temps pendant lequel ils ne l'ont pas utilisée, avec quelle facilité peuvent-ils se la réapproprier ?

4 — Erreurs : combien d'erreurs les utilisateurs commettent-ils, sont-elles critiques et avec quelle facilité peuvent-ils les corriger ?

5 — Satisfaction : est-il agréable d'utiliser l'interface ?

L'ergonomie des interfaces et l'utilisabilité ont fait l'objet d'un travail de définitions de normes ISO détaillées <54> qui en précisent la terminologie, les concepts et les méthodes. Ce cadre, même s'il comporte des aspects techniques qui le rendent quelque peu difficile à appréhender, est très abouti.

La mise en œuvre de l'ergonomie des interfaces dans un projet de design interactif

© iStock

Déroulement d'un test utilisateur.

La place de l'ergonomie des interfaces dans les étapes d'un projet

Idéalement, l'ergonomie des interfaces intervient tout au long du processus de conception du projet et son apport ne se réduit surtout pas à évaluer l'interface en fin de projet <55>. En amont, elle peut prendre en charge la recherche utilisateur, formuler des recommandations et proposer une étude des usages. Pendant la conception proprement dite, à laquelle l'ergonome peut participer aussi, l'évaluation des solutions peut et doit être itérative, c'est-à-dire se répéter aussi souvent que nécessaire et apporter des améliorations successives au prototype. Après le lancement du projet, la démarche consiste à vérifier régulièrement les performances de l'interface et à mener ponctuellement des audits.

<52>
« What is Human Factors/ Ergonomics? », consulté le 10 mai 2015. <http://www.hfes.org/ web/AboutHFES/ about.html>

<53>
Jakob Nielsen « Usability 101: Introduction to Usability », consulté le 10 mai 2015. <http://www.nngroup. com/articles/usability- 101-introduction- to-usability/>

<54>
Voir notamment, pour l'ergonomie: ISO 26800:2011, <http://www.iso.org/ iso/fr/catalogue_detail. htm?csnumber=42885> pour l'utilisabilité : ISO/TR 16982:2002, <http://www.iso.org/iso/ fr/home/store/catalogue_ tc/catalogue_detail. htm?csnumber=31176> consulté le 10 mai 2015.

<55>
Tom Brinck, Darren Gergle, Scott D. Wood, *Usability for the web*, Morgan Kaufmann, 2002, p. 15.

Les objectifs
de l'ergonomie des interfaces

L'ergonomie des interfaces consiste à ‹56› :
— réaliser des analyses d'activité à partir de l'observation des utilisateurs dans leur contexte et représenter le point de vue de l'utilisateur lors de la conception ;
— formaliser le résultat de la recherche utilisateur sous la forme des livrables les plus courants (personae, benchmark, rapports de tests utilisateurs...) ;
— traduire, à partir de la recherche utilisateur, les besoins, attentes et objectifs des utilisateurs dans les propositions d'interfaces filaires et des prototypes ;
— garantir la conformité du produit ou du service avec les conventions choisies, qu'elles lui soient spécifiques ou qu'elles s'appuient sur des critères d'ergonomie ou heuristiques ;
— tester et évaluer la facilité d'utilisation, l'accessibilité et plus largement la qualité de l'expérience utilisateur à travers des sessions de test et/ou des analyses expertes.

Les principaux
livrables

Les livrables de l'ergonomie des interfaces insistent davantage sur la recherche utilisateur et l'évaluation, même si l'activité de conception proprement dite est souvent considérée comme partie intégrante de la démarche.

Parmi les principaux livrables, nous trouverons les entretiens individuels, les questionnaires, l'analyse concurrentielle, l'analyse de l'activité, les personae, le modèle mental, l'arborescence, les interfaces filaires, le prototype, les spécifications détaillées d'interface, les scénarios, le plan de test utilisateur, le rapport / synthèse d'analyse de test utilisateur et recommandations et le rapport d'évaluation experte / heuristique.

Qui prend en charge
l'ergonomie des interfaces ?

La terminologie des métiers est très variable selon le contexte dans lequel l'activité est exercée : architecte de l'information, UX designer, designer d'interaction, consultant études, etc. En France, l'ergonomie est une expertise qui requiert une solide formation universitaire, de niveau master. Le niveau de connaissance exigé fait que n'importe quel intervenant du projet ne peut pas nécessairement assumer le rôle d'ergonome. Beaucoup d'ergonomes ont désormais pris le titre d'UX designer.

Les apports de l'ergonomie des interfaces ‹57›

En conception, l'ergonomie des interfaces permet de :
— réduire les coûts de développement, en intégrant en amont les préoccupations des utilisateurs (corriger un problème lors de la phase de développement coûte dix fois plus cher que si celui-ci est repéré lors de la phase de conception) ;
— mesurer et évaluer la façon dont les utilisateurs seront affectés par les changements de l'interface, dans le cadre d'une refonte ;
— se concentrer sur les fonctionnalités prioritaires à développer.

Dans les usages, l'ergonomie des interfaces permet de :
— réduire le risque d'erreur dans l'accomplissement des tâches que doit mener l'utilisateur et donc le temps consacré au support et à la maintenance ;
— gagner en productivité (notamment le temps passé à rechercher l'information ou la façon d'effectuer les tâches) et réduire le temps nécessaire à la formation pour l'usage de l'interface ;
— améliorer les principaux indicateurs de performance clés (Key Performance Indicators, KPI) de l'interface comme le taux de conversion, les ventes (et donc le chiffre d'affaires), le trafic, la fréquence d'usage, etc. ;
— accroître la satisfaction des utilisateurs et leur confiance dans le système.

‹56›
La liste de ces activités a été établie à partir d'une fiche métier rédigée avec Raphaël Yharrassarry, ‹http://blocnotes.iergo.fr/›

‹57›
Un ouvrage entier a été consacré à ces questions, très largement documenté : Randolph G Bias, Deborah Mayhew, *Cost-Justifying Usability*, 2e édition, Morgan Kaufmann, 2005.

3

Les terminaux et les interfaces de l'ère post-PC

Logiciels, sites Web, applications mobiles, bornes interactives, objets connectés, informatique vestimentaire, robots, espaces interactifs... Les formes que peut revêtir un projet de design interactif sont multiples, en fonction du contexte dans lequel évoluent les utilisateurs, de leurs usages et de l'expérience que l'on souhaite leur faire vivre. La démarche de design interactif ne se traduit pas seulement à travers des interfaces graphiques et des écrans, qui sont certes encore la forme la plus répandue du dialogue entre les humains et les systèmes informatiques, mais sont complétés par de nombreux et divers autres supports d'interactions, dans lesquels la matière numérique (le *software*) s'hybride avec la matière physique (le *hardware*). Dresser un tour d'horizon de ces dispositifs, en les resituant dans leur histoire, est utile pour appréhender le degré de liberté avec lequel ces expériences numériques peuvent être façonnées. Certains de ces contextes d'usage ont été largement investis par les designers et documentés, comme ceux se matérialisant dans des logiciels, des sites Web, des dispositifs mobiles, tandis que d'autres sont des champs émergents, comme les objets connectés, l'informatique vestimentaire, la robotique et les environnements interactifs.

De l'informatique
personnelle
aux ruptures
du logiciel

Historiquement, la médiation entre la technologie et les humains s'est construite par le truchement du logiciel. Le terme a été forgé à la fin des années 1950 et a accompagné le passage de l'ordinateur mécanique à l'ordinateur numérique. Jusqu'à cette période, un logiciel était analogique et reposait sur les cartes perforées pour passer les instructions de son programme. On emploie *logiciel* (*software*) par opposition à *matériel* (*hardware*).

© « Apple-LISA-Macintosh-XL » by Gerhard

Bureau de l'Apple LISA OS, l'une des premières interfaces commerciales employant la métaphore du bureau.

Par logiciel, on entend les programmes d'application et les différents types de systèmes d'exploitation, stockés dans la mémoire d'un terminal informatique ou sur cloud, qu'il soit un ordinateur de bureau, un appareil mobile ou encore un objet connecté.

C'est à partir du logiciel que s'est constituée la discipline des Interactions Homme-Machine, comme une spécialité de la science informatique, au début des années 1980, lors de l'avènement de l'informatique personnelle. La complexité des logiciels et le besoin d'obtenir une facilité d'usage optimale génèrent des besoins pour une conception prenant davantage en compte les usagers. C'est ainsi que le champ de l'ergonomie logicielle s'est construit, sous la pratique désignée par le terme *usability*.

L'expérience utilisateur d'un logiciel est caractérisée par sa visée instrumentale : un logiciel est souvent un outil de productivité qui soutient l'accomplissement de tâches spécifiques. C'est le cas des applications métiers, par exemple, qui sont des logiciels spécialisés et appliqués pour mener des tâches centrées sur l'activité de l'entreprise. Les enjeux du design d'interface logicielle sont avant tout de faciliter les entrées et les sorties avec le système. Par une qualité de service optimale et la recherche de la facilité d'apprentissage, il s'agit de permettre l'acceptation de l'interface par l'utilisateur, tout en minimisant les temps d'attente et les erreurs. Les fonctions proposées doivent à la fois supporter les activités de l'utilisateur, tout en lui laissant le contrôle. Elles doivent s'équilibrer avec les choix graphiques de l'interface. Un autre enjeu particulièrement important est la cohérence de l'interface (tant dans sa présentation que dans son comportement) et sa capacité à trouver des solutions pour réduire la complexité des données présentées. La représentation adéquate des informations doit servir le sens : de nombreuses métaphores sont ainsi mises en œuvre pour rendre intelligibles les interactions et les contenus. La métaphore du bureau, inventée par Alan Kay au Xerox PARC en 1970, est l'un des modèles les plus structurants des interfaces logicielles, par sa capacité à créer une continuité entre le monde physique et le monde numérique.

Ben Shneiderman et Catherine Plaisant <58> ont décrit les styles d'interaction <59> les plus couramment utilisés dans le design d'interfaces logicielles. Ils distinguent les lignes de commande et le langage naturel (écrit, parlé), la manipulation directe, la manipulation indirecte (menus, formulaires, boîtes de dialogue), les périphériques d'entrée et de sortie (claviers, trackpads, souris, trackballs...), la collaboration et la participation sociale. Aujourd'hui, le logiciel est devenu une composante prédominante de l'économie <60>.

<58>
Ben Shneiderman,
Catherine Plaisant,
*Designing
the user interface*,
5ᵉ édition,
Addison Wesley, 2010.

<59>
Le concept de styles
d'interaction se
réfère aux moyens par
lesquels l'utilisateur
peut communiquer ou
interagir avec le système
de l'ordinateur.

<60>
Nicolas Colin,
« Le logiciel dévore
le monde... depuis
les États-Unis », 2012,
consulté le 30 mai 2015.
<http://colin-verdier.com/
le-logiciel-devore-
lemonde-depuis-les-
etats-unis/>

Le Web :
└── d'une interface
graphique linéaire
┌── à une expérience
de navigation enrichie

© Quartz

Page d'accueil de Quartz, <qz.com>,
un site d'actualité économique centré sur le « storytelling digital ».

Lorsque Tim Berners-Lee et son équipe du CERN an-
noncent la création d'Internet au début des années
1990, il s'agit d'un espace d'information partagé
encore difficile à structurer. Les usages qui s'y développent reposent essentiellement sur la messagerie
électronique, la recherche documentaire, les espaces
de discussion, la communication institutionnelle ou
commerciale des entreprises et la presse en ligne.

Quatre générations de sites Web se succèdent,
avant d'aboutir aujourd'hui à des dispositifs capables
de mettre pleinement en œuvre les possibilités multimodales (texte, image, vidéo, son) des interfaces
dans une expérience de navigation dotée de comportements riches. Avec le Web 2.0, les sites Web passent
en mode « écriture », permettant la participation directe des utilisateurs aux contenus et à leur indexation.

Un site Web est un ensemble de pages écrans reliées entre elles par un système de liens hypertextes et accessibles dans un navigateur depuis une URL. Une page est un document qui encode du texte et des médias (images, vidéo, animations, 3D, etc.). Un site Web peut être porteur d'une grande diversité d'usages : diffuser de l'information (site d'information), promouvoir et acheter des produits ou des services (site e-commerce), communiquer sur une marque ou une organisation (site de marque et site institutionnel), développer le partage de contenus et les liens sociaux entre les utilisateurs (réseaux et plate-formes sociales) ou encore réaliser des tâches (applications Web : une façon de distribuer un logiciel et de donner accès à un service en ligne), etc.

Comme les logiciels, les sites Web reposent sur différentes métaphores spatiales pour faciliter le guidage dans l'interface. Mais contrairement à eux, celles-ci reposent sur la trajectoire de navigation dans un espace d'information (fil d'Ariane, plan du site, chemin…).

Plusieurs types d'expériences utilisateurs s'incarnent dans les sites Web : informer et partager des contenus (sites de presse en ligne, espaces documentaires, Web documentaires, sites de partage de médias), communiquer et promouvoir (sites institutionnels, sites de marques ou de produits, sites événementiels, publicité en ligne), acheter un produit ou un service (sites e-commerce), travailler ou se divertir (annuaires, sites transactionnels, services en ligne, sites de banque, interfaces de gestion, jeux) ou explorer un univers (sites expérientiels où il s'agit de susciter des émotions grâce à un parcours de navigation non conventionnel). Les activités qui peuvent être menées dans un site Web sont très diversifiées.

Les enjeux de design qui se posent ont trait à l'engagement/la participation de l'utilisateur, la transmission des valeurs et des messages de l'entreprise, la narration des informations, la navigation dans le contenu, l'animation d'une relation entre l'organisation et ses publics et la socialisation.

Contexte mobile :
des interfaces
pour des temps
d'attention courts

© Apple

Apple iPhone première
génération, 2007.

Le contexte mobile couvre une diversité de terminaux et de situations d'usage, des applications destinées aux smartphones et aux tablettes, en passant par les liseuses électroniques, jusqu'à des terminaux spécialisés ‹61›.

Par interfaces mobiles, on entend aujourd'hui à la fois les sites Web mobiles (ou *responsive*) et les applications mobiles développés pour être accessibles depuis un terminal nomade (smartphone, tablette, baladeur numérique, montre connectée, etc.). Il s'agit de l'usage d'un terminal informatique depuis une position physique évolutive. Contrairement aux logiciels de bureau et aux sites Web, ces dispositifs ont la faculté d'accompagner les utilisateurs dans tous les aspects de leur vie quotidienne et de leur travail, grâce à leur dimension réduite et diffuse. Un dispositif mobile peut faire également référence à une technologie embarquée, comme l'informatique vestimentaire, que nous proposons d'aborder plus loin.

L'émergence massive des usages du numérique en mobilité est à la fois le fruit direct des progrès dans la miniaturisation des composants électroniques et une illustration du changement social apporté par la convergence technologique (par exemple, le smartphone est la convergence du téléphone, de la radio, de la télévision, du photographe, de l'appareil photo, du télétype et de l'ordinateur).

Avant l'émergence massive de la mobilité numérique et de son changement d'échelle spectaculaire, avec la sortie de l'iPhone en 2007, les premiers assistants personnels numériques font leur apparition au milieu des années 1980 ‹62›. Psion 1 est le premier *personal digital assistant* (PDA). Il intègre une horloge, un calendrier, un carnet d'adresses et une calculatrice. Il est suivi par toute une génération de terminaux entrés dans l'histoire de l'informatique : le GRiDPad (1989, première tablette tactile grand public), le Parc Tab (1993, ordinateur mobile tenant dans la paume de la main, a servi de prototype pour l'informatique ubiquitaire), l'Apple Newton (1993), l'IBM Simon (1993), Magic Link (1993), Palm Pilot (1995) et bien sûr l'Apple iPod (2001).

Les premiers usages d'Internet mobile, au début des années 2000, sont dédiés à la recherche d'information, puis à l'envoi d'e-mails et toute une gamme d'usages applicatifs issus du modèle introduit par l'iPhone avec les *application stores*.

Les débuts du design interactif mobile sont comparables aux limitations connues pour le Web, en mode texte : des écrans en noir et blanc, puis le passage à la couleur en 2002, avec une bande passante restreinte, qui permet un emploi minimal des images. Progressivement, la bande passante se libérant pour les appareils connectés, avec le passage à la 3G puis à la 4G, les usages s'enrichissent pour faire des terminaux mobiles de véritables terminaux multimédias. La taille des écrans est particulièrement contrainte pour les téléphones mobiles : à peine une centaine de pixels de large. Puis, sous l'impulsion de l'iPhone, le design interactif mobile bénéficie d'une avancée radicale : l'interface d'iOS est fondée sur la manipulation par contact tactile avec l'écran, qui dispose d'une résolution de 320 par 480 pixels pour sa première version.

La création d'une expérience utilisateur mobile présente des défis spécifiques, au regard des conventions ergonomiques admises pour les applications desktop ‹63›. Le type de terminal sur lequel va être consultée l'application ou le site, la taille de son écran, les opportunités et les contraintes liées à la situation d'usage, les modalités d'interactions (tactiles), la bande passante disponible ou encore le mode de consommation de l'information privilégié par les utilisateurs sont autant de facteurs à considérer. Non seulement les écrans des smartphones sont plus petits que les écrans desktop, mais ils sont consultés à une plus grande distance, dans un contexte favorisant l'interruption et la pollution sonore. Pour chacune des limitations ou opportunités offertes par l'expérience mobile, maintenir un plaisir de l'interaction optimal passe par l'application des principes suivants.

Compenser la taille réduite de l'écran par une priorisation accrue des contenus

Les utilisateurs doivent interagir davantage sur mobile et sur tablette pour accéder au même volume

‹61›
David Benyon,
Designing interactive systems,
3ᵉ édition, Pearson,
2014, p. 436.

‹62›
L'Interaction Design Foundation a publié un historique détaillé des terminaux mobiles, consulté le 31 mai 2015, ‹https://www.interaction-design.org/literature/book/the-encyclopedia-of-human-computer-interaction-2nd-ed/mobile-computing›

‹63›
Raluca Budiu,
Jakob Nielsen,
User Experience for Mobile Applications and Website,
3ᵉ édition, Nielsen Norman Group, 2015.

d'information que sur desktop. Ils doivent aussi s'appuyer davantage sur leur mémoire pour conserver accessible l'information. Chaque élément est donc compté. Les contenus et les fonctionnalités doivent être agencés en fonction des priorités des utilisateurs. Le contenu est prioritaire sur les éléments d'interface (navigation, boutons, contrôles).

Compenser la fragmentation de l'attention par la concision et la simplicité

Les utilisateurs consultent leur smartphone et leur tablette dans une diversité de contextes et de situations. Ils sont donc susceptibles d'être interrompus à tout moment par un événement extérieur qui peut requérir leur attention et donc leur impose de suspendre leur lecture ou leur navigation sur l'écran. L'attention est fragmentée : une session sur un terminal mobile dure 72 secondes en moyenne, soit deux fois moins que sur desktop. Il faut donc faire un effort de concision et de simplification des tâches et des interactions.

Minimiser les temps d'attente

La couverture réseau n'est pas toujours optimale en mobilité. Chaque chargement de page équivaut à un temps d'attente supplémentaire quand le réseau n'est pas au rendez-vous. Il faut donc minimiser le nombre de chargements de pages et leur poids en données. Les pages doivent être légères, tout en contenant le maximum d'information.

À l'exception des jeux dont la durée d'engagement peut être particulièrement longue, les applications mobiles sont principalement utilisées pour effectuer une série de tâches rapides et simples, qu'il s'agisse d'usages transactionnels ou de la lecture de contenus. À cet égard, l'immersion ne fait pas partie de l'expérience souhaitée ou possible. Cette faible durée d'interaction devant l'écran pousse souvent l'interface à anticiper le comportement de l'utilisateur et à lui suggérer uniquement le contenu pertinent, à le restituer visuellement avec des niveaux de lecture, afin que l'utilisateur passe le moins de temps possible à exécuter sa tâche ou à rechercher l'information.

De la métaphore du bureau à l'informatique ubiquitaire

Les chercheurs du Xerox PARC ont décrit, au début des années 1990, un modèle dans lequel les interfaces numériques peuvent être visibles – mobilisant des modes de représentation graphique de l'information – ou invisibles – où elles s'effacent en tant que dispositif technique. Ce modèle rend possible l'avènement d'un 3e paradigme informatique, à la suite des ordinateurs centraux et de l'informatique personnelle. Mark Weiser a développé les principes de ce nouveau modèle d'interaction homme-machine, qualifié de post-PC, l'informatique ubiquitaire <64>. Dans un article de 1991, «The Computer for the Twenty-First Century», il évoque «une nouvelle façon de penser les ordinateurs dans leur présence au monde, qui prendrait en compte l'environnement naturel des humains et qui permettrait aux ordinateurs de disparaître à l'arrière-plan.» Concrètement, l'informatique ubiquitaire privilégie le développement d'objets technologiques le plus souvent petits et peu coûteux qui sont ensuite mis en réseaux. Les interfaces graphiques peuvent être réduites au minimum, le but étant d'intégrer la technologie dans les objets les plus quotidiens et ainsi de la rendre invisible. Les formats de ces terminaux (tabs, pads et boards) préfigurent les smartphones, les tablettes et les murs interactifs apparus dans les années 2000. Le but de l'informatique ubiquitaire est ainsi de rendre visible l'information de l'environnement par l'environnement lui-même sans pour autant nous surcharger de données. Weiser avance l'idée de *calm technology*: la technologie ne véhicule plus une information qui s'impose, mais une suggestion douce d'information inscrite dans l'environnement, c'est sans effort que les utilisateurs sont connectés à celui-ci.

   Si nous nous sommes attardés à décrire cette utopie technologique, c'est parce qu'elle est en train de se réaliser en grande partie: au tournant des années 2000, nous sommes entrés dans l'ère post-PC.

© Xerox PARC

Xerox ParcPad, 1992.

<64>
Mark Weiser,
«The Computer for the
Twenty-First Century»,
Scientific American,
septembre 1991,
pp. 94-10.

Les usages post-PC

© Apple

Apple Newton MessagePad, 1993-1997.

L'ère post-PC fait référence au déclin progressif du marché de la vente des ordinateurs personnels de bureau au profit d'autres terminaux : ordinateurs portables, tablettes et smartphones. Plus largement, l'ère post-PC préfigure une informatique qui couvre un large spectre de facteurs de forme ‹65›, de types d'interfaces et de techniques d'interaction, tout en reposant sur des expériences utilisateurs cross-devices (qui s'opèrent entre différents terminaux à la fois).

Apparu en 1999, le terme a été repris à de nombreuses reprises, tant dans le champ académique que dans l'industrie informatique. Le chercheur David Clark du MIT a donné cette même année une conférence dans laquelle il déclare que « le futur de l'informatique est inévitablement hétérogène », précisant qu'il ressemblera à un « écosystème de services ». En 2004, au moment où IBM vend son département PC, Jonathan Schwartz, ancien président de Sun Microsystems, déclare : « nous sommes entrés dans l'ère post-PC depuis 4 ans ‹66› ». Steve Jobs emploie lui-même l'expression lors de la conférence de presse de lancement de l'iPad 2 en mars 2011 où il affirme qu'Apple tire désormais l'essentiel de ses revenus de terminaux post-PC (iPod, iPhone et iPad).

Le cabinet de conseil et de recherche Forrester a publié en 2011 un rapport ‹67› décrivant les usages post-PC, qui actent les évolutions suivantes.

Sédentaire à ubiquitaire — Les terminaux post-PC ne sont plus tributaires d'un emplacement d'usage fixe. Ils sont mobiles et deviennent sensibles au contexte, grâce à des capteurs (accéléromètres, gyroscopes, etc.).

Formel à informel — Les terminaux post-PC s'utilisent à tout moment et en continu, par opposition aux interactions PC dont l'usage est marqué par un début (*booting-up*) et une fin (*shutting down*) formels.

À portée de bras à intime — Les terminaux portables (netbooks, tablettes...) s'utilisent plus proche du corps.

Abstrait à physique — La souris et le clavier reposent sur des interactions abstraites avec le contenu et sur des métaphores. Les écrans tactiles des mobiles et des tablettes permettent la manipulation directe du contenu. Les dispositifs comme Kinect ou Leap Motion permettent un éventail d'interactions physiques à travers la voix et le corps de l'usager.

‹65›
Le facteur de forme en informatique est la taille physique de la carte mère, qui détermine la taille du terminal dans laquelle elle s'insère.

‹66›
Gary Rivlin, John Markoff, « Contemplating a PC Market Without IBM », *The New York Times*, décembre 2004, consulté le 30 mai 2015, ‹http://nyti.ms/1Bw7o6J›

‹67›
Sarah Rotman Epps (dir.), *What The Post-PC Era Really Means – A Social Computing Report*, Forrester, mai 2011.

Associer des objets et des interfaces au corps de l'utilisateur : l'informatique vestimentaire

© Cute Circuit

Twitter Dress, Cute Circuit, 2012.

L'informatique vestimentaire fait référence aux ordinateurs qui peuvent être portés à même la peau ou dans/sur les vêtements et aux nouvelles formes de technologies interactives disponibles au travers de nouveaux matériaux, notamment textiles <68>. Une interface vestimentaire (*wearable computing* en anglais) est un dispositif informatique, miniaturisé et composé de capteurs, porté par l'utilisateur avec ou sur ses vêtements. Il est contrôlable et capable d'interagir à tout moment. Ce qui distingue une interface vestimentaire d'une interface mobile courante, c'est qu'elle fait littéralement corps avec l'utilisateur et qu'elle ne nécessite pas l'arrêt de ses autres tâches pendant son usage. Les parties du corps qui peuvent être engagées dans ce type d'expérience sont la peau, les yeux, la voix, les mains, etc. Les écrans flexibles, les textiles intelligents et les langages de programmation comme Arduino offrent des opportunités d'usages pour développer des vêtements embarquant des technologies <69>. Ils peuvent prendre la forme de bijoux, d'équipements sportifs, de lunettes, de chaussures ou encore de vestes, pour entrelacer la mobilité physique et la mobilité numérique.

Depuis les années 1960, les interfaces vestimentaires ont adopté une diversité de formes. Le premier appareil informatique vestimentaire a été conçu en 1955 au MIT par le mathématicien Edward Thorp et Claude Shannon. Il s'agissait d'un dispositif embarqué dans une chaussure et un paquet de cigarettes, capable de prévoir les gains à la roulette. En 1981, Steve Mann, considéré comme l'un des principaux pionniers de l'informatique vestimentaire, imagine un casque multimédia et devient dans les années 1990 le premier à vivre une expérience de *lifelog* (il s'agit d'enregistrer via un dispositif informatique de larges portions de sa vie). Reflexion Technology lance commercialement en 1989 le Private Eye, un casque d'affichage tête-haute, capable d'afficher du texte, popularisant l'informatique vestimentaire auprès du grand public. Le Private Eye influence beaucoup les travaux de recherche dans ce domaine. Edgar Matias et Mike Ruicci, à l'Université de Toronto, développent en 1994 un ordinateur qui se porte au poignet. La même année, le Forget-Me-Not, de Mik Lamming et Mike Flynn (Xerox EuroPARC) enregistre les interactions entre son porteur et l'appareil puis stocke l'information dans une base de données. À la fin des années 1990, différents programmes de recherche (Université de Toronto, Xerox EuroPARC, DARPA) s'intéressent à l'informatique vestimentaire. La mode investit également le domaine, avec les créations futuristes du couturier Hussein Chalayan, qui mêlent prêt-à-porter et technologies, dans les années 2000. En 2012, Franck Sorbier associe la haute couture et le vidéo-mapping, à travers une collection réalisée en partenariat avec Intel. Très attendue, l'Apple Watch est lancée en 2015.

Bien que des appareils destinés au grand public aient déjà été commercialisés depuis les années 2000, ils n'ont rencontré qu'un succès commercial mitigé, témoignant d'une adoption difficile des usages et d'une acceptation sociale souvent problématique des technologies portées au plus près du corps. Le confort est l'un

<68>
Benyon, *op. cit.*,
p. 451.

<69>
Sharp, Rogers, Preece,
op. cit., p. 212.

des autres défis majeurs de l'informatique vestimentaire. Les technologies embarquées doivent être légères, de taille réduite, peu encombrantes, cachées ou élégantes font remarquer Sharp, Rogers et Preece. L'intérêt des interfaces vestimentaires est de permettre de réaliser des tâches informatiques pendant que l'attention de l'utilisateur est dirigée vers l'environnement physique, pour accomplir des activités mobilisant ses mains, sa voix ou ses yeux. L'utilisateur peut ainsi entrer et exécuter des commandes tout en marchant ou effectuant d'autres activités.

Steve Mann a détaillé les trois modes de fonctionnement de l'informatique vestimentaire qui décrivent partiellement l'expérience utilisateur :
— la constance, l'ordinateur est toujours prêt à interagir avec l'utilisateur ; il n'a pas à être allumé ;
— l'augmentation : l'informatique vestimentaire repose sur l'idée que le traitement informatique n'est pas la tâche première, contrairement à l'informatique traditionnelle. Elle sert à augmenter l'intelligence et/ou les sens ;
— la médiation : contrairement aux appareils mobiles (ordinateurs portables, PDA, etc.), l'informatique vestimentaire sert d'intermédiaire avec les autres systèmes en protégeant ses utilisateurs de l'information non sollicitée et en préservant leurs données personnelles.

Steve Mann distingue également six attributs fondamentaux pour l'informatique vestimentaire : non exclusive dans sa façon de mobiliser l'attention, libre dans les mouvements physiques qu'elle permet, perceptible en permanence, contrôlable, attentive à l'environnement et communicante (comme moyen de dialogue avec les autres utilisateurs).

Multimodale par excellence, l'informatique vestimentaire s'appuie sur des styles d'interaction qui privilégient la conversation et la manipulation, notamment le langage et les gestes naturels. La voix, les gestes, le retour haptique (vibrations) et la manipulation physique (touches ou boutons tactiles) sont privilégiés. La difficulté de l'interaction avec les interfaces vestimentaires consiste à introduire des modes de dialogue qui nécessitent des commandes indirectes et ne donnent donc pas directement prise sur l'information. Les utilisateurs doivent alors faire l'effort cognitif de relier leurs actions à ce qui est affiché sur l'écran si le dispositif en possède un.

© Apple / Nike

Kit Nike + iPod, dispositif qui mesure et enregistre
la distance et la vitesse d'un entraînement de marche ou de course à pied, 2006.

Michal Levin ‹70› expose les quatre rôles possibles d'une interface vestimentaire : capteur (*tracker*),
diffuseur (*messenger*), facilitateur (*facilitator*) et amplificateur (*enhancer*). Le capteur collecte des données
sur l'activité ou la condition physique du porteur. Le
diffuseur, souvent relié à un smartphone, rend facilement accessible des informations, comme des alertes
ou des notifications. Le facilitateur propose une expérience par laquelle les fonctions sont plus accessibles
à partir de l'interface vestimentaire qu'à partir d'un
terminal à laquelle elle est reliée (exemple : captation
vidéo à partir de lunettes connectées, reliées à un
smartphone). Enfin, l'amplificateur augmente le monde
réel en lui superposant des informations qui sont manipulables (exemple : système de réalité augmentée).

Pour Michal Levin, l'informatique vestimentaire, bien qu'encore balbutiante, est en train de créer
un nouveau marché massif des usages mobiles dans la
santé, le sport, les jeux et la mode. L'informatique vestimentaire, qui est encore un vaste champ de recherche
à explorer, entretient des liens étroits avec d'autres domaines de l'informatique : design d'interface, réalité
augmentée, informatique ubiquitaire, etc. Elle trouve
ses applications dans quatre principaux domaines : le
sport et les capteurs d'activité, la santé et les capteurs
médicaux, les montres et les lunettes connectées.

‹70›
Jonathan Folle (dir.),
*Designing for Emerging
Technologies*,
O'Reilly, 2014, p. 65.

Marier le monde physique des atomes aux chiffres binaires du numérique à travers des objets connectés

© Withings

Withings Aura, un réveil lumineux et connecté qui analyse le sommeil grâce à ses capteurs.

La rencontre entre l'univers des produits et celui du numérique a été permise non seulement par la miniaturisation des composants électroniques et la dévolution de la puissance de calcul à des tâches quotidiennes, mais aussi par l'opportunité de mise en réseau offerte par Internet. Les services portés par le Web sont les vecteurs et le sens de ce mariage, avance Pierrick Thébault ‹71›. Ainsi augmentés de ces capacités numériques, les objets transforment notre façon d'accéder à l'information et notre perception du monde.

Les objets connectés puisent leur origine dans les principes de l'informatique ubiquitaire de Mark Weiser, qui ouvre la voie à des terminaux et des styles d'interaction inédits. Loin d'être parvenue à maturité, l'hybridation entre des objets physiques et des traitements informationnels ouvre un vaste champ d'usages à explorer.

Les produits électroniques de la fin des années 1990 ont permis à Donald Norman, ancien vice-président d'Apple, de développer la notion d'*information appliances* (terminaux d'information) dans son ouvrage *The Invisible computer*. Il les définit comme des produits connectés et «spécialisés dans l'information», dont les propriétés fonctionnelles sont volontairement limitées et ciblées pour être le support d'interactions plus directes. À la même période, Kevin Ashton, pionnier de la technologie RFID, introduit l'expression *Internet of Things* (Internet des objets, IdO), lors d'une présentation sur l'amélioration de la chaîne logistique chez Procter & Gamble. L'une des applications de l'Internet des objets est le *machine to machine* qui consiste à faire communiquer des objets entre eux sans intervention humaine. L'Internet des objets s'appuie sur une infrastructure qui repose en partie sur Internet et permet de connecter des objets physiques et numériques afin de mettre en œuvre différents types de services, à travers l'intégration des technologies de la communication. Reliés au réseau, ces objets sont dotés de capacités de calcul informatique, de perception de leur environnement grâce à des capteurs et peuvent agir sur le monde physique. L'Internet des objets est la somme d'un objet physique, de contrôleurs, de capteurs, d'actuateurs, dont les données sont reçues et transmises par Internet.

L'intérêt des objets connectés réside principalement dans les modes alternatifs par lesquels ils communiquent l'information et donnent corps aux services qu'ils incarnent. Ils se développent dans un contexte où la technologie devance les usages. Une grande diversité d'applications a déjà été développée. Celles-ci comprennent aussi bien les trackers d'activité sportive que des appareils médicaux pour la mesure des paramètres vitaux ou encore des produits technologiques dédiés à l'habitat.

L'Internet des objets permet de recueillir et d'indexer de nombreuses données, qui deviennent ainsi le principal matériau à exploiter et à façonner dans l'expérience utilisateur des objets connectés. Les objets connectés sont des objets «vivants» qui peuvent être programmés pour adopter un comportement spécifique lorsque certaines conditions sont réunies.

<71>
Pierrick Thébault, *La conception à l'ère de l'Internet des Objets: modèles et principes pour le design de produit aux fonctions augmentées par des applications*, thèse de doctorat, Arts et Métiers ParisTech, 2013.

La station météo Netatmo et son application permettent de mesurer les conditions météo et la qualité de l'air dans un lieu donné.

Avec les objets connectés, c'est l'objet lui-même qui devient l'interface. Ils peuvent adopter des formes très diverses et présenter des types d'entrées et de sorties multiples pour mettre en œuvre les interactions qu'ils proposent. Ils communiquent ainsi par des mouvements, des vibrations, des sons et des signaux lumineux. Les styles d'interaction privilégiés sont les interactions naturelles (gestes, voix), les interactions tangibles (lorsque l'information revêt une forme physique), voire des interactions non traditionnelles (interfaces olfactives). Dans la mesure où ils sont associés à des écrans, les objets connectés mettent aussi en jeu des styles d'interaction plus classiques. Toutefois, l'interaction avec les objets connectés comporte une complexité particulière, car les habitudes constituées autour de la manipulation directe dans les interfaces sont remises en cause. Les actions de l'utilisateur qui auparavant étaient immédiatement visibles sur l'écran ne le sont plus forcément avec les objets connectés, qui permettent et nécessitent des paramétrages à distance, dont le résultat est perceptible de façon différée dans le temps.

Les objets connectés reposent fréquemment sur des fonctions qui peuvent être distribuées à travers plusieurs terminaux : des écrans déportés, des applications mobiles, des interfaces Web. Par exemple, le tensiomètre connecté de Withings s'appuie à la fois sur un objet et une application mobile dans laquelle une interface graphique restitue la mesure.

Très souvent, les objets connectés incarnent un service et l'expérience se matérialise autant dans la forme et le comportement de l'objet que dans la façon dont ce service est mis en œuvre. Le designer Mike Kuniavsky les envisage comme des «avatars de services». Ils peuvent être des fenêtres d'accès à des services Web, au travers d'un navigateur ou d'une application.

© Ambient Devices

Energy Joule, un objet connecté qui mesure et affiche la consommation d'énergie. Il suit le coût de l'énergie, permettant à ses utilisateurs d'ajuster leur consommation.

Pierrick Thébault a dressé une typologie des objets connectés pour souligner leurs différentes vocations. Il distingue les terminaux, les stations, les capteurs, les diffuseurs, les instanciations de services et les produits connectés. Les terminaux sont envisagés comme un prolongement de l'informatique mobile et permettent l'accès aux services du Web. Les tablettes en sont des exemples. Les stations sont des extensions des terminaux qui peuvent venir s'y intégrer pour se charger en énergie et s'amplifier, comme dans le cas des stations d'accueil avec horloge sur lesquelles on peut déposer un smartphone ou une tablette.

Les capteurs sont des objets qui permettent de recueillir des données, de les analyser et de les transférer pour les restituer dans une interface graphique. Les trackers d'activité sportive ou les bracelets

© Joshfire (initié avec BETC)

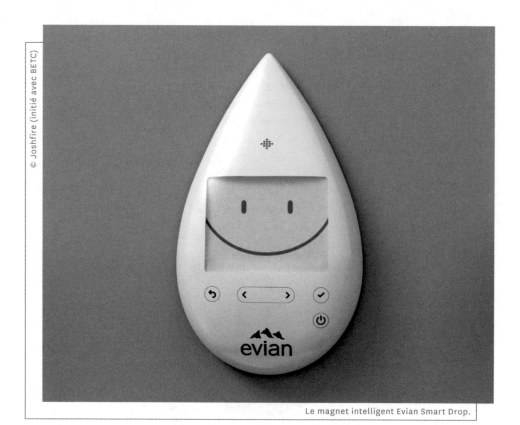

Le magnet intelligent Evian Smart Drop.

connectés sont des capteurs. Les diffuseurs proposent de communiquer de l'information par des moyens alternatifs aux interfaces graphiques. Ils sont souvent qualifiés d'«ambiants» car ils tendent à se fondre dans l'environnement. Energy Orb (Ambient Devices) est une boule en verre dépoli qui fournit des données en temps réel sur la consommation d'énergie, ce qui permet aux utilisateurs d'adapter leur comportement si nécessaire. Lorsque l'appareil s'allume en vert, la demande et les prix de l'énergie sont bas, tandis que le rouge indique qu'ils sont élevés.

Les instanciations de services sont des terminaux spécialisés dédiés à l'affichage d'un type d'information particulier.

Evian a développé avec Joshfire et l'agence BETC un magnet intelligent qui permet de commander des bouteilles d'eau. Ce prototype en forme de goutte d'eau est doté d'un écran LED et fonctionne en Wifi. L'utilisateur est invité à sélectionner la taille et la quantité de bouteilles ainsi que la date et le créneau horaire pour la livraison. Les commandes sont transmises au service de gestion Evianchezvous.

Les produits connectés sont des objets du quotidien mis en réseau afin d'échanger des données et d'automatiser certaines tâches. Nest est un thermostat dont la programmation est entièrement automatisée. Cette dernière évolue en fonction du mode de vie des utilisateurs et des données météorologiques. Il peut être contrôlé à distance via un smartphone.

Contrairement à ce que l'on pourrait attendre d'eux, les objets connectés ne sont pas reliés en permanence au réseau, notamment pour économiser leur batterie. Cette connexion intermittente peut créer des discontinuités dans l'expérience utilisateur, avec des temps de latence.

© Nest

Le thermostat connecté Nest.

Concevoir des objets connectés nécessite de relever plusieurs types de défis. Ils requièrent notamment d'orchestrer un grand nombre de compétences. Il faut intégrer le design d'interaction et le design des interfaces, mais aussi le design produit, le design du service, tout en pensant de façon cohérente l'utilisabilité de ces différentes composantes. De nombreux standards techniques sont mis en œuvre dans les objets connectés, ce qui rend l'interopérabilité difficile. Enfin, les objets connectés relèvent souvent d'un écosystème complexe. Cette complexité tient au nombre de terminaux engagés dans l'expérience, au contexte d'usage (l'environnement, mais aussi le contexte social) et à l'équilibre à trouver entre le contrôle laissé à l'utilisateur et l'autonomie du système.

Réinventer les espaces de vie à travers des environnements sensibles et réactifs

© Frog Design

Frog ROOM-E, 2012.

Jusqu'à la réalisation partielle des principes de l'informatique ubiquitaire, une expérience interactive consistait à amener les personnes dans le monde numérique au travers d'interfaces plus ou moins immersives, dont le support reposait la plupart du temps sur des écrans. Pour vivre l'expérience, il était nécessaire de créer un espace de représentation isolé de l'espace physique.

La réalité virtuelle est à ce titre l'acmé d'un tel isolement, qui immerge l'utilisateur dans un environnement synthétique en trois dimensions tout en lui offrant la perception qu'il peut se mouvoir comme dans le monde physique. Ce que vantent par exemple les casques de réalité virtuelle, c'est « la magie de la présence», et la fidélité de l'immersion à la réalité. Le revers de cette approche, écrivait Rodney Brooks en 1997, consiste à inverser la relation entre la personne et l'ordinateur. Son projet, *The Intelligent Room*, le présentait dans ces termes: «Dans *The Intelligent Room* les personnes travaillent ensemble ou seules, comme si aucun ordinateur n'était présent. Il n'y a ni clavier, ni souris, ni moniteur ou casque de réalité virtuelle. À la place, l'ordinateur est intégré à l'univers des personnes et forcé à opérer dans ce contexte, à écouter ce qu'elles disent, à regarder ce qu'elles font et comment elles bougent, gardant la trace de ce qui se passe et essayant d'être utile [...] l'ordinateur doit jouer avec des règles humaines».

Les environnements sensibles et réactifs sont ainsi nés, comme le résume Rodney Brooks, du «rejet de l'idée de construire des espaces spécifiques dans lesquels une telle interaction intelligente aurait lieu». Aujourd'hui, de tels scénarios ne sont plus seulement plausibles mais possibles, grâce aux avancées de la miniaturisation, à l'accessibilité des capteurs, des actuateurs, à leur mise en réseau coordonnée avec des logiciels de traitement des données. Pour créer de tels environnements, il faut conjuguer les compétences de l'architecture, du design d'espace et du design d'interaction.

Dès lors que convergent inexorablement le monde physique et le monde numérique, par l'omniprésence de l'accès à l'information, la miniaturisation des dispositifs numériques et leur intégration transparente dans les espaces de vie, l'hypothèse de la réalisation de l'intelligence ambiante, stade ultime du développement de l'informatique, devient effective.

L'intelligence ambiante, thématisée à la fin des années 1990, décrit des environnements informatisés sensibles et réactifs à la présence des personnes. Elle fait référence aux mécanismes qui régissent le comportement de l'environnement. D'après Brian Epstein ‹72›, ils sont définis par:
— l'intégration de dispositifs informatiques en réseau dans l'environnement;
— la capacité à reconnaître les personnes et à être conscient du contexte;
— la personnalisation aux besoins des utilisateurs;
— l'adaptation du comportement en réponse à celui de l'utilisateur;
— l'anticipation des besoins des utilisateurs.

‹72›
Brian Epstein,
« Digital Living Room
speech », 1998,
consulté le 5 juillet 2015.
‹http://epstein.org/
ambient-intelligence/›

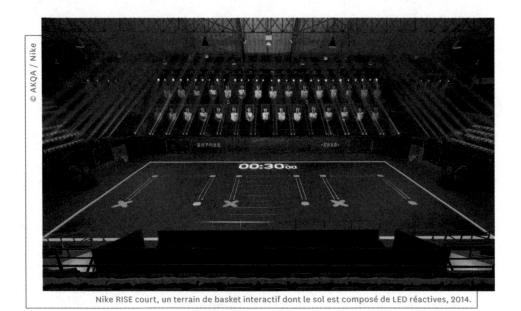

© AKQA / Nike

Nike RISE court, un terrain de basket interactif dont le sol est composé de LED réactives, 2014.

Cette intelligence ambiante opère à différentes échelles : pièce, bâtiment et développements urbains entrant dans la composition de la « ville intelligente » (*smart city*).

Avec les environnements sensibles et réactifs, les sens (vision, audition, toucher) sont mobilisés différemment pour engager l'interaction avec le système. Les points d'entrée de l'interface deviennent des objets communs, comme des surfaces, du mobilier, des vêtements, etc. Les sorties sont données par des signaux visuels subtils ou des changements d'état des objets. Les interfaces tangibles font partie des modes d'interaction privilégiés dans les environnements sensibles et réactifs. Elles permettent à l'utilisateur de manipuler de l'information numérique à travers l'environnement physique. Pour Hiroshi Ishii, qui les introduit en 1997 au MIT Media Lab et revendique les thèses de Mark Weiser, il s'agit de donner une forme physique à l'information, en la rendant manipulable et sensible. Ishii développe trois principes clés pour caractériser les interfaces tangibles, à travers le projet *Tangible Bits* :
1 — Des surfaces interactives pour transformer l'architecture des habitations (murs, portes, fenêtres etc.) en surfaces actives entre le monde physique et le numérique.
2 — Le couplage des bits et des atomes : on associe des objets préhensibles (livres, cartes, etc.) à de l'information numérique qui leur est propre.

3 — Des médias ambiants : on utilise le son, la lumière, l'air et le mouvement de l'eau comme interfaces de support.

Les interfaces gestuelles, le langage naturel et la reconnaissance vocale font aussi partie des styles d'interaction qui peuvent être mobilisés dans les environnements sensibles et réactifs. Les environnements interactifs sont des dispositifs multi-sensoriels par excellence.

Habitats, lieux de travail, musées, lieux de vente, installations artistiques et espaces urbains tirent parti des technologies numériques qui peuvent être déployées dans l'environnement. Environnements collaboratifs, scénographies interactives, expériences in-store, affichages dynamiques, architecture interactive et domotique constituent les résultats concrets de l'informatique ambiante.

© Design I/O

New York Hall of Science, installation interactive Connected Worlds, Design I/O, 2015.

MENER UN PROJET DE DESIGN INTERACTIF

Nous avons décrit dans la première partie de cet ouvrage la particularité de la démarche de design interactif, clarifié son périmètre et la nature des expertises qui la composent. Après avoir fixé le cadre de la diversité des approches, des activités et des applications du design interactif, il convient de détailler les différentes phases d'un projet, la façon dont elles s'orchestrent concrètement et comment ses principaux livrables sont élaborés.

Comme le rappelle Kim Goodwin dans l'introduction de *Designing for the digital age* ‹73›, les vertus d'une méthode explicite sont multiples, qu'il s'agisse de choisir une méthode A ou une méthode B, de devoir convaincre les parties prenantes du projet que les utilisateurs n'utilisent pas le produit de telle façon ou encore de devoir argumenter des choix de design contestés lors d'une réunion.

Le design interactif implique de travailler successivement sur l'expression des besoins, l'acquisition de la connaissance des utilisateurs, du contexte et du domaine, la recherche de solutions, la production d'un prototype interactif et son évaluation par les utilisateurs ‹74›, puis le déploiement de la solution retenue après au moins une phase d'itérations et de modifications. Nous retenons cinq étapes formelles dans le déroulement d'un projet de design interactif:

    1 — découverte du contexte, des besoins du projet;
    2 — recherche utilisateur;
    3 — modélisation;
    4 — idéation et exploration de solutions;
    5 — formalisation de l'expérience.

De ces étapes, nous excluons délibérément les tests utilisateurs. Ceux-ci ne peuvent être pris en charge par les acteurs mêmes ayant participé au processus de conception, car cela reviendrait à leur permettre d'être juges et parties. Les tests utilisateurs sont néanmoins cruciaux : eux seuls permettent de valider ou d'invalider les hypothèses de conception et la performance des solutions proposées. Ils interviennent si possible très en amont, dès qu'une ébauche de solution a été formalisée, par exemple juste après l'idéation. Un test peut aussi bien être mené sur une interface filaire basse définition que sur un prototype abouti.

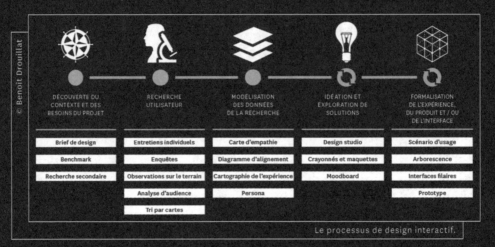

© Benoît Drouillat

Le processus de design interactif.

Au sein d'un projet, ces activités doivent s'articuler avec d'autres activités interdépendantes. Les interactions peuvent aussi bien couvrir l'expression de besoin ou la phase de cadrage en amont du projet que la production éditoriale, le SEO, le développement *front* et *back-end*, la recette et le plan de lancement éventuel ; la liste n'est pas exhaustive. Potentiellement, tous les métiers doivent s'interfacer avec l'équipe de design afin de mesurer dans chaque aspect du projet les opportunités et les contraintes qui peuvent influencer les recommandations à formuler. Mener un projet de design interactif, ce n'est pas seulement maîtriser finement les compétences clés qui y sont associées, c'est anticiper et comprendre l'impact sur la conception, le design visuel et le design produit que peuvent produire un environnement technique, une stratégie éditoriale, des besoins de référencement naturel, etc. Réciproquement, les partis pris de conception et de design visuel peuvent poser une diversité de défis. C'est pourquoi la réussite d'un projet de design interactif est fortement liée à la capacité de coordonner les métiers dans les moments critiques, à communiquer avec une grande diplomatie et à aborder systématiquement une série de questions décisives, allant de la faisabilité technique à l'orientation du projet et à la façon de le conduire.

Quelle que soit la méthode de gestion de projet adoptée (en cascade ou agile), celle-ci doit généralement faire l'objet d'une négociation entre l'équipe projet de l'agence et l'équipe projet du commanditaire. L'agence propose sa vision du projet et la démarche associée, qui couvre l'ordonnancement des activités, les livrables, les points d'étape et réunions, le délai, le planning et le coût. Ces éléments s'appuient à la fois sur les besoins exprimés par le commanditaire, la compréhension de son organisation, l'expertise et l'expérience développée par les équipes de l'agence. L'agence doit donc s'assurer de s'immerger dans le domaine d'activité du client pour bien analyser sa problématique, mobiliser les compétences appropriées et les coordonner. Un projet de design interactif est au final un enchevêtrement de paramètres complexes et de situations inédites sur lesquels la méthodologie peut être précieuse si elle est appliquée comme une grille de lecture adaptable, mais vaine si elle est exécutée mécaniquement et avec rigidité, sans prendre en compte les circonstances dans lesquelles s'inscrit le projet.

Nous avons recensé une vingtaine de livrables qui s'appliquent à chacune des cinq phases du projet. Recherche utilisateur et modélisation des données de la recherche sont particulièrement propices au formalisme et rassemblent près de la moitié de ces livrables à elles seules. Cet inventaire raisonné ne doit pas faire oublier qu'une méthodologie de projet ne consiste pas à mettre à disposition du client un catalogue de livrables. Elle consiste à sélectionner l'approche pertinente au regard du contexte, des interlocuteurs, des besoins et de la problématique posée. D'ailleurs, nous n'avons pas cherché à transposer l'exhaustivité des livrables et nous sommes concentrés sur les plus fréquemment utiles. Les moyens mobilisés – c'est-à-dire la quantité, la nature et le niveau de détail des livrables – doivent être ainsi proportionnés aux attendus du commanditaire et aux exigences requises pour formaliser la solution envisagée. La carence en formalisme peut être autant source de risque que son excès : les livrables intermédiaires de la recherche utilisateur et de la modélisation sont avant tout des outils d'orientation et de décision, avant de produire le produit final.

La livraison des documents de travail doit aussi être soigneusement planifiée, de façon à recueillir les retours et la validation au moment approprié, dans le respect du planning. Plus que leur production, c'est cette étape qui est le passage sensible dans un projet. Toutefois, tout au long du projet, les livrables restent vivants et sont susceptibles d'être mis à jour pour refléter son évolution.

Dans les chapitres à venir, à la suite des étapes du projet, chaque livrable est détaillé de façon à s'approprier : sa définition, ses objectifs, sa place dans la démarche projet, l'audience à laquelle il s'adresse, l'effort de formalisation requis, les apports et les défis à relever, les étapes de réalisation, la formalisation, la structure et l'anatomie du livrable, comment il se communique au client, les erreurs à éviter ainsi qu'une liste de ressources utiles.

‹73›
Kim Goodwin, *Designing for the digital age*,
Wiley, 2009, pXXVII-XXVIII.

‹74›
Helen Sharp, Yvonne Rogers, Jenny Preece,
*Interaction Design: Beyond Human-Computer
Interaction*, 3ᵉ édition, Wiley, 2011, p. 416.

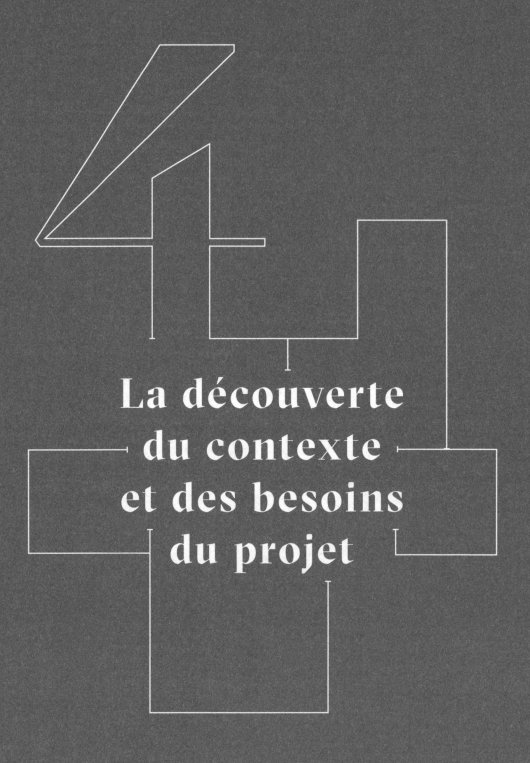

La découverte du contexte et des besoins du projet

Définition et périmètre

La phase de découverte pose les fondations du projet. Elle correspond aux activités qui doivent être menées au moment où l'équipe design reçoit une expression de besoin formulée par le commanditaire du projet. Elle couvre quatre aspects :
— L'identification des parties prenantes du projet, de leur rôle et leur pouvoir décisionnaire au sein du projet.
— L'acquisition du contexte du projet : dans quel cadre doit-il avoir lieu ? S'inscrit-il dans le contexte d'une réorganisation interne ? Doit-il permettre de répondre à une situation particulière dans laquelle se trouve l'entreprise ?
— L'appropriation du ou des métiers du commanditaire, qui peut être un ou plusieurs secteurs d'activité spécifiques (exemples : l'énergie, la finance ou la santé).
— La compréhension, l'analyse, la reformulation et le cadrage des besoins / de la problématique soumise.

Objectifs
Aspects critiques
Questions initiales

La phase de découverte du projet a pour vocation de :
— faire partager une vision commune du projet à l'ensemble des parties prenantes ;
— challenger la demande et/ou la stratégie formulée par le client ;
— rassembler toutes les sources d'information disponibles pour « nourrir » la conception et intégrer les prérequis techniques ;
— transmettre à l'équipe design des données concernant le système existant et ses performances ;
— familiariser l'équipe design avec le domaine d'activité, les particularités du client et la problématique soumise ;
— hiérarchiser et prioriser les besoins du client ;
— éviter la découverte en cours de projet d'opportunités ou de risques insoupçonnés (notamment concernant la faisabilité technique) ;
— identifier et partager les facteurs clés de succès.

Les méthodes, livrables et techniques

La phase de découverte se matérialise par :
— une expression de besoin détaillée, assortie de toute la documentation disponible sur le contexte du projet (études, rapports d'audience, tests utilisateurs réalisés précédemment, livrables antérieurs au projet, liste des concurrents, charte graphique, etc.) ;
— une veille sectorielle (livres blancs, études, newsletters, etc.) ;
— un brief de design ;
— une réunion de lancement du projet avec un ordre du jour détaillé et une liste de questions / demandes de compléments d'information ;
— une analyse compétitive / un benchmark (déjà réalisé par le client ou à réaliser par l'agence) ;
— une proposition de méthodologie design (réalisée par l'agence).

Les défis potentiels

L'objectif de la phase de découverte ne doit pas être de partager avec le client des informations dont il pourrait déjà disposer. Lorsque ses apports sont mal cernés, la phase de découverte du projet est parfois considérée par le client comme trop longue, coûteuse et improductive.
Le risque majeur est alors que l'équipe design ne dispose pas de toutes les informations pour interpréter la problématique et proposer des solutions adéquates. Si l'importance accordée par le commanditaire à la phase de découverte est faible, il est probable que l'équipe design passera davantage de temps à tenter de comprendre les besoins, les attentes et les réactions du client. Très souvent, la demande d'un résultat immédiat s'accompagne d'une longue succession d'itérations qui aboutissent au mécontentement du client, laissant le sentiment que la demande n'a pas été comprise. C'est pourquoi il convient d'insister pour que la phase de découverte ne soit pas (trop) abrégée.

Le brief
de design

Caractériser le contexte et
formaliser les attentes d'un projet
pour guider et
alimenter la démarche design

Il est fréquent que des besoins mal formulés et peu documentés lors de la phase de lancement d'un projet digital aboutissent à des incompréhensions et à des réponses inadaptées.

Pourtant, le brief de design est un livrable qui revêt une importance capitale dans la conduite d'un projet. On le distinguera d'un cahier des charges, qui couvre l'ensemble du périmètre du projet. Dans son ouvrage *Expression des besoins pour le SI* <75>, Yves Constandinidis le définit par «un ensemble structuré d'exigences qu'un client présente à un fournisseur». L'expression de besoin, quant à elle, «constitue une référence du besoin client à toutes les étapes du développement produit <76>». Ces deux références, d'origine et de culture technique, s'adaptent difficilement aux projets où prévalent usages et design.

Le design manager Peter L. Philips a conféré au brief de design ses lettres de noblesse en le décrivant <77> davantage comme un processus de dialogue et de questionnement que comme un document ou une réunion de travail. Le brief de design définit le contexte, les raisons, les attentes et les moyens d'un projet. Chaque projet ayant ses spécificités (site Web, application mobile, logiciel, objet connecté...), les besoins du brief de design sont variables. Il nécessite la plupart du temps des éclairages marketing, économiques et technologiques. Une fois formalisé, le brief de design n'est pas pour autant figé, il peut être amendé : il est fréquent qu'au cours du projet, le besoin se précise et évolue.

Le brief de design constitue l'une des premières pierres d'un projet : c'est le premier document qui doit être partagé et discuté entre le commanditaire et l'équipe design interne ou externe. Une première ébauche en est formalisée pour créer un consensus dans l'équipe commanditaire du projet. Le brief de design ne doit pas être communiqué ou précisé lorsque le

<75>
Yves Constandinidis,
*Expression
des besoins pour le SI,*
Eyrolles, 2013, p. 19.

<76>
Norme AFNORNF EN 16271,
«Management par
la valeur – Expression
fonctionnelle du besoin
et cahier des charges
fonctionnel – Exigences
pour l'expression
et la validation du besoin
à satisfaire dans
le processus d'acquisition
ou d'obtention
d'un produit», 2013, p. 6.

<77>
Peter L. Philipps,
*Creating the Perfect
Design Brief:
How to Manage Design
for Strategic Advantage,*
2e édition,
Allworth Press, 2012.

travail d'exploration des solutions de design est déjà engagé ; il doit être partagé en amont.

Le brief de design peut être co-construit entre le commanditaire du projet et l'équipe design. Les implications des choix de design pouvant affecter de nombreux intervenants et décisionnaires du projet, il est fortement recommandé d'associer l'ensemble des parties prenantes de la chaîne de validation située du côté du commanditaire, les équipes de communication, le métier, les équipes de design et les équipes techniques, voire juridiques.

Les 5 objectifs du brief

1 — Formaliser et valider la nature ainsi que le périmètre du besoin motivant le projet.
2 — Fixer les enjeux, les objectifs et les priorités du projet (notamment calendrier).
3 — Spécifier les attendus de la démarche de design : formats de réponse, livrables, etc.
4 — Permettre à l'équipe design d'acquérir une connaissance précise du contexte et du métier du client.
5 — Fournir l'ensemble des ressources nécessaires au travail de formalisation de l'équipe design : expression de besoin fonctionnelle, charte graphique, contraintes, documentation de l'existant, etc.

Les 5 bénéfices du brief

1 — Un brief de design est formalisé par écrit et détaille chaque étape du projet, de son initiation à sa livraison finale.
2 — Le brief design doit insister sur le modèle économique choisi par le projet. Ainsi, les designers doivent apprendre à réfléchir en termes *business* pour devenir des partenaires stratégiques.
3 — Le brief de design éclaire les non-designers sur le processus de création et ses enjeux.
4 — Le brief design permet d'assurer l'approbation du projet en interne. C'est une sorte de contrat écrit entre les différentes parties prenantes.
5 — Un brief de design collaboratif permet de différencier fortement auprès des interlocuteurs la façon dont le design est perçu : un partenaire et non un moyen d'exécution.

Étape 0 — On rédige par écrit un brouillon de brief.

Étape 1 — Une première version du brief est partagée en interne lors d'une réunion avec l'équipe projet du commanditaire. Plusieurs itérations peuvent être nécessaires.

Étape 2 — Le brief circule en interne. Les échanges peuvent avoir lieu, en temps limité (avec une deadline), par e-mail ou dans un espace collaboratif où le document peut être enrichi et modifié.

Étape 3 — Le brief validé en interne est présenté à l'équipe design ; si besoin cette présentation peut faire l'objet d'un atelier, pour enrichir le brief. Les éléments intangibles du projet, comme le contexte interne, sont souvent éclairants.

Étape 4 — L'équipe design réagit au brief et pose des questions. Une séance de questions/réponses est organisée, par téléphone ou lors d'une entrevue. Le document est complété.

Si le temps imparti est particulièrement réduit, un document de présentation plus minimal peut être produit et synthétisera :
— le contexte et le périmètre du projet : présentation du client, du contexte, des objectifs ;
— Reformulation des enjeux ;
— Benchmark (sous la forme de quelques captures d'écran légendées) ;
— Calendrier et livrables attendus.

Formalisation
du livrable

Il existe différents types de brief :
— dans le cadre d'une mise en compétition, où le client est particulièrement attentif à formuler la problématique et son contexte de façon aussi détaillée que possible ;
— dans le cadre d'un nouveau projet ;
— dans le cadre d'une refonte ;
— dans le cadre d'une collaboration récurrente, où le contexte ne doit pas être systématiquement repris. En fonction du type de brief, il convient d'en adapter la forme. Il n'existe pas de format privilégié pour le brief de design : il peut être entièrement rédigé dans un document Word, sous forme de listes à puces, ou

au format PowerPoint. L'important est de le rendre aussi complet que possible et facile à exploiter. La longueur du document doit être équilibrée : il ne doit ni se contenter d'une seule page ni consister en une interminable succession d'éléments.

La forme écrite du brief permet à toutes les parties prenantes de partager les mêmes références et constitue les fondations des discussions autour des futures solutions proposées. Cette formalisation permet également de capitaliser de l'information pour de futurs projets.

Structure et anatomie du livrable

Aucune structure-type ne peut garantir la qualité d'un brief. Voici toutefois une liste structurante de questions auxquelles celui-ci doit impérativement répondre :

Connaître l'entreprise

— Quel est le profil de l'entreprise ?
— Quelles sont ses activités ?
— Quels sont ses principaux métiers ?
— Comment est-elle organisée (*business units*, filiales, management...) ?
— Qu'est-ce qui caractérise la culture de l'entreprise et son histoire ?
— Quelles sont ses valeurs ?
— Comment ces valeurs sont-elles incarnées ?
— Quels ont été les faits marquants de l'année écoulée ?

Connaître les objectifs stratégiques

— Sur quels piliers repose la stratégie de l'entreprise ?
— Quel est le modèle économique de l'entreprise ? Comment développe-t-elle des revenus et des profits ?
— Quelles sont ses perspectives ? Ses priorités ?

Connaître l'univers concurrentiel

— Qui sont les principaux concurrents ?
— Quel est le positionnement des concurrents ?

— Comment l'entreprise est-elle perçue par rapport à ses concurrents?
— Comment se différencie-t-elle?
— Quels sont ses atouts?
— Quelles sont les tendances du secteur?
— Dans quelle mesure ces tendances peuvent-elles affecter le projet?

Connaître
ses produits

— Quels sont les produits et les services phares de l'entreprise?
— Quelle est leur valeur ajoutée?
— Quel est l'historique du design / de la communication lors des années précédentes?
— Quelle est son évolution, les supports utilisés?
— Dans quelle mesure cet historique influence-t-il le projet?
— Quels sont les principes à respecter pour la création de tout nouveau support?

Définir
le projet

— Quelle(s) problématique(s) le projet doit-il résoudre?
— À qui va s'adresser le projet?

La description des cibles doit fournir le maximum de contexte et de précisions possibles : des données sociodémographiques (âge, sexe, etc.), attitudinales, comportementales, leurs motivations par rapport au produit ou au service, etc. Un produit peut avoir différentes cibles et non une cible unique :
— Comment sont-elles hiérarchisées?
— Lesquelles sont prioritaires?
— Pourquoi ce projet est-il nécessaire?
— Quelles sont les retombées attendues et comment vont-elles être mesurées?
— Pourquoi le projet doit-il avoir lieu dans le calendrier précisé?
— Peut-il être mené en plusieurs phases de déploiement?

Maîtriser
l'environnement technique

— Quel est l'environnement technique du projet?

— Existe-t-il des dépendances avec des applicatifs internes ou externes?

— Quelles sont les contraintes de cet environnement technique et quelles exigences confèrent-elles aux livrables?

— Les livrables doivent-ils suivre des normes techniques particulières?

— Quelle est la compatibilité *device* attendue (desktop/mobile/tablette/*responsive*...)?

— Quels sont les points de rupture souhaités?

— Quelle est la compatibilité navigateur attendue (par défaut: dernières versions des principaux navigateurs du marché)?

— Existe-t-il une problématique de référencement particulière?

— Quel est le niveau d'accessibilité souhaité? Une démarche de certification doit-elle être engagée?

Planifier le projet

— Quels sont le périmètre du projet, son calendrier et son budget?

— Existe-t-il des zones d'ombre dans le périmètre du projet? (à clarifier au plus vite)

— Quelles sont les fonctionnalités attendues?

— Qui sont les interlocuteurs de référence sur le projet?

— Qui sera le pilote du projet côté commanditaire?

— Quelles sont les étapes de validation et les personnes décisionnaires dans le projet?

— Quels sont les éléments (livrables) attendus? Sous quel format?

Communiquer un brief en interne et aux équipes de design

Pour communiquer un brief en interne pour validation, il faut le faire circuler parmi les membres de l'équipe en leur donnant quelques jours pour réagir uniquement, dans un premier temps, aux erreurs ou omissions. Si possible, on organise une réunion et on propose aux absents de soumettre par écrit leurs commentaires. La relecture finale permet d'écarter les erreurs factuelles, de valider tous les objectifs décrits dans le document et d'intégrer les membres du projet dans le processus, y compris les non-designers, afin d'accélérer ensuite le choix d'une solution de design.

⌐ **Ressources et outils**
pour le brief ⌐

Une check-list des ressources
à joindre à un brief

— Logo de l'entreprise au format vectoriel (.eps, .ai) ;
— le document de charte graphique le plus récent ;
— les noms des caractères typographiques employés dans la charte, afin que l'agence puisse faire l'acquisition des licences ;
— accès à la photothèque de l'entreprise s'il en existe une ou à des images haute résolution dont les droits sont acquis ;
— historique du design de l'entreprise, avec des exemples de réalisations pouvant servir de référence (supports de communication électroniques ou imprimés).

Deux ouvrages
à lire particulièrement

— Alastair Blyth et John Worthington, *Managing the Brief for Better Design*, 2e édition, Routledge, New York, 2011.
— Peter L. Phillipps, *Creating the perfect design brief*, 2e édition, Allworth Press, New York, 2012.

Documents
de référence à consulter
lors d'une compétition

— Le site ‹www.labellecompetition.fr›, une démarche « lancée à l'initiative des différents syndicats d'agences de communication (AACC, ADC, ANAé, Syntec RP et Udecam) et de l'UDA, résumée dans un document unique et applicable à tous les appels d'offres, quels qu'en soient la taille, le métier, la méthode, constitue pour chacun de ses signataires un atout pour progresser vers des appels d'offres d'agences toujours plus efficaces ».
— Un modèle de brief élaboré par l'AACC Interactive, ‹www.aacc.fr/aacc/publications/guide-de-collaboration-avec-une-agence-interactive›

Benchmark
et analyse
concurrentielle

Découvrir et analyser
les bonnes pratiques pour inspirer
la conception

© "designers interactifs"

1

Quels services développer à l'attention
des designers, des entreprises
et des agences ?

DU CONTENU EXCLUSIF ET SUR MESURE

Les services proposés par les organisations du corpus répondent à une
diversité de besoins et de publics. Les plus avisées d'entre elles valorisent leur
capacité à produire de l'analyse sur les tendances du digital et la mettent en
scène lors d'événements dédiés.

HUB INSTITUTE
— Trend reports, «études pratiques
synthétisant les dernières tendances du
marketing digital»
— Modules de formation personnalisables
— 8 conférences thématiques en appui des
trend reports

PSFK   BEST IN CLASS 🏆
— Recherche de tendances et trend briefings
— Trend tours (combinés avec des workshops
et des conférences)
— Événements en appui des trend reports

DIGITAL TRANSFORMATION PASSPORT
Coffre membership du HUB institute

EBG
— Conférences thématiques
— Matinées remises de livre blanc
— Ateliers, task forces (cycle d'ateliers
réservés aux décideurs annonceurs)

BIBLIOTHÈQUE DE LIVRABLES POUR LE DESIGN INTERACTIF   13

Benchmark dédié aux organismes professionnels et aux structures de promotion du design.

La pratique du benchmarking, empruntée au marketing et aux sciences de gestion, consiste à dresser
un état de l'art des meilleures pratiques disponibles
dans un domaine donné pour répondre à des problématiques qui ont été formulées à partir de l'expression
de besoin d'un client. L'analyse doit être structurée
et met en évidence des solutions efficientes et/ou in-
novantes soit dans un domaine d'activité sectorielle
précis soit dans un champ plus vaste.

Le benchmark est un livrable initié au début
d'un projet pour inspirer la réflexion de l'équipe design.
Il peut être un outil de veille thématique, alimenté par
une observation systématique des nouvelles pratiques
ou un recueil de bonnes pratiques. Dans un projet, le

benchmark permet notamment d'arbitrer plus aisément les décisions liées à l'architecture de l'information, à l'expérience utilisateur, aux choix formels et graphiques, etc. Le benchmark peut comporter plusieurs niveaux de détail, en fonction du temps disponible pour l'analyse. Il peut être plus ou moins formel, destiné ou pas au client.

Les 5 objectifs du benchmark

1 — Déterminer si les problématiques du projet ont déjà été résolues dans un contexte similaire (ou différent mais comparable) par des réponses convaincantes.
2 — Explorer et comparer la pertinence des solutions apportées aux problématiques du projet.
3 — Hiérarchiser les meilleures pratiques et repérer les démarches les plus originales et pertinentes.
4 — Fixer un niveau d'excellence à atteindre à travers des principes « actionnables », c'est-à-dire qui permettent de mettre en application des actions concrètes.
5 — Amorcer l'inspiration créative du projet et arbitrer plus aisément les décisions liées au design.

Les 5 bénéfices du benchmark

1 — Développer une meilleure compréhension de l'approche des concurrents, de la valeur qu'ils apportent à l'utilisateur et maintenir son propre avantage compétitif. Le benchmark est aussi utile pour identifier les faiblesses de concurrents.
2 — Développer une connaissance du domaine exploré pour élaborer des recommandations plus pertinentes. Le benchmark est un excellent outil pour s'approprier le métier du client et mieux comprendre le contexte du marché / l'existant.
3 — Challenger ses propres convictions et explorer les problématiques du projet sous un angle de vue différent.
4 — Engager un débat sur la direction stratégique à choisir. Le benchmark ouvre toutes les options envisageables, y compris celles qui n'auraient pas été choisies.
5 — Saisir des opportunités nouvelles (et non traiter à nouveau un même sujet avec les mêmes réponses...) en dépassant les observations du benchmark. Le benchmark joue un rôle de tremplin.

Les étapes de réalisation du benchmark

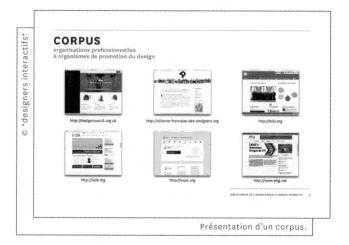

© "designers interactifs"

Présentation d'un corpus.

Étape 0 — Le besoin du benchmark est exprimé soit par les nécessités du projet (mieux comprendre l'objet du projet ou un domaine d'expertise), soit par le besoin d'accompagnement du client. Le sujet du benchmark est identifié. Exemples :
— «Les usages des montres connectées»
— «Affichage interactif : Apporter de l'intelligence aux écrans urbains» (‹http://hubinstitute.com›)
— «Comment la réalité virtuelle et les technologies immersives sont mobilisées dans le storytelling, la santé, la publicité, le voyage et le retail» (‹www.psfk.com›)
— «L'expérience utilisateur des magasins connectés»
— «Promouvoir le design interactif : plate-formes digitales et meilleures pratiques»

Étape 1 — Le corpus du benchmark est proposé au commanditaire et retravaillé avec lui jusqu'à l'arrêt d'une liste de 10 à 15 items. Le nombre d'éléments dans le corpus doit être maîtrisé pour éviter la dispersion de l'analyse. Il arrive fréquemment que le commanditaire du projet fournisse lui-même une liste servant de base de travail. Ces éléments sont à challenger. Le choix du corpus définitif doit être argumenté et reposer sur des critères objectifs. Par exemple, dans un benchmark portant sur les meilleures pratiques de la communication financière en ligne, on pourra sélectionner les sites Web ayant reçu la meilleure note de l'index Bowen Craggs & Co ‹78›.

Étape 2 — Les problématiques générales du benchmark sont soumises au commanditaire, afin de s'assurer de partager avec lui la même vision de la finalité du livrable. Après un aller-retour de modifications, les problématiques sont validées et servent de fil conducteur pour l'analyse. Celles-ci ne doivent être ni trop génériques, ni trop orientées par rapport aux solutions qui pourront être découvertes. Exemples de problématiques :
— Quels services développer à l'attention des designers, des entreprises et des agences ?
— Quels formats de contenus et ressources privilégier ?
— Quelles thématiques et outils proposer pour initier les professionnels et entreprises au design interactif ?
— Comment développer / fidéliser l'audience du site ?
— Quels leviers pour promouvoir les abonnements aux publications et la souscription de services payants ?
Étape 3 — Les critères d'analyse sont détaillés, en fonction des problématiques retenues. Ces critères d'analyse forment les différents aspects de chacune des problématiques à examiner. Ils permettent de la décomposer en unités de sens lisibles. Ils doivent être également validés avec le commanditaire ou l'équipe projet.
Étape 4 — L'exploration du corpus fixé est initiée, on en prend connaissance à plusieurs reprises, afin de s'en imprégner. À cette étape, il ne s'agit pas encore de formaliser mais de découvrir, de se forger une vision globale.
Étape 5 — L'analyse identifie les meilleures pratiques, qui sont recueillies grâce à des captures d'écrans ou des images. On rassemble le matériau qui met en évidence des points d'analyse utiles pour le benchmark. Ceux-ci prennent la forme de commentaires très courts, de légendes qui explicitent les images choisies.

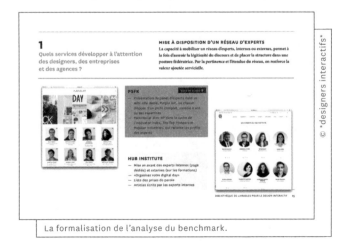

© *designers interactifs*

La formalisation de l'analyse du benchmark.

Étape 6 — le document de présentation est formalisé. En dernier lieu, on s'attache à mettre en forme l'analyse. La structure du document doit progresser du plus général au plus spécifique. Si besoin, on reformule, on élague pour parvenir à un livrable plus facilement utilisable.

Formalisation du livrable

Le benchmark peut prendre différentes formes en fonction du besoin exprimé par le commanditaire. Il peut s'agir :
— D'une présentation d'une centaine de diapositives au maximum, si le support a vocation à être projeté ou à circuler par voie électronique (par e-mail ou sur un réseau social d'entreprise). S'il a vocation à être imprimé et distribué en plusieurs exemplaires, InDesign permet une mise en page soignée.
— D'une version de synthèse d'une soixantaine de diapositives de la présentation, calibrée pour une réunion de présentation d'une heure environ.
— D'un tableau synthétique, qui cartographie en une seule vue l'ensemble de l'analyse.
— D'une grille d'analyse détaillée dans un tableur (Excel), listant les critères et permettant de les évaluer selon un *scoring* (exemple : attribuer une note) ou selon la présence ou non d'un élément (exemple : indication oui / non).

Structure et anatomie du livrable

Il existe deux façons d'orienter la formalisation du benchmark :
— dresser un panorama général en balayant chaque élément du corpus (analyse linéaire, au fil de l'eau) ;
— répondre à chacune des problématiques posées en présentant les réponses proposées dans le corpus, en s'arrêtant sur chacun des critères (analyse structurée). Nous recommandons plutôt la seconde approche, qui garantit mieux l'adhésion aux objectifs du benchmark et à la demande du client.

Le benchmark est un document de présentation synthétique et très visuel, qui insiste sur les points saillants. La structure type d'un benchmark peut être la suivante :
— page de garde avec titre, date, nom, logo du client (1 page) ;
— sommaire (avec numéro des pages, 1 page) ;
— résumé : les enseignements principaux dégagés par le benchmark (1 à 2 pages) ;
— présentation du corpus (2 à 4 pages) ;
— présentation des critères / problématiques (1 à 3 pages) ;
— analyse détaillée, problématique par problématique (de 20 à 60 pages) ;
— courte synthèse à l'appui de chaque problématique et recommandations/opportunités à saisir (2 pages) ;
— conclusion (1 à 3 pages).

La densité du benchmark fait qu'on peut aussi prévoir de commencer le document final par les conclusions, afin de rendre plus efficace sa restitution.

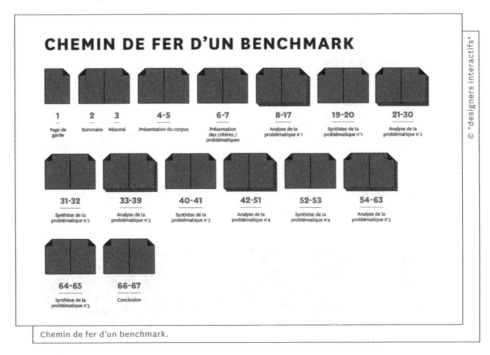

Chemin de fer d'un benchmark.

Une page d'analyse doit comporter :
— différents niveaux de lecture (titraille) ;
— une signalétique explicite (exemple : distinguer une bonne pratique en utilisant un pictogramme).

La structure d'une page d'analyse peut être la suivante :

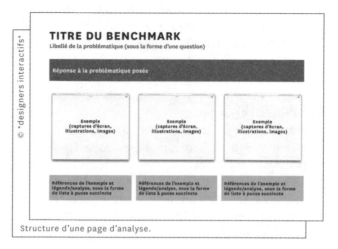

Structure d'une page d'analyse.

Durant le travail d'analyse, il est essentiel de ne pas perdre de vue les problématiques qui intéressent le client. La structure d'une page de synthèse ou de conclusion peut être la suivante :

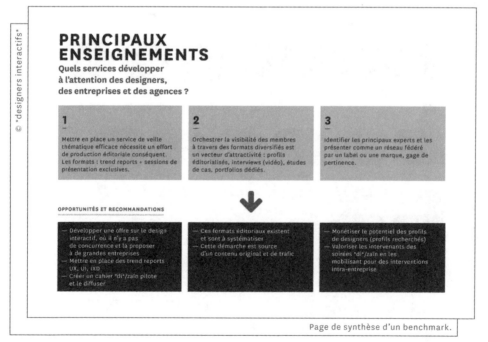

Page de synthèse d'un benchmark.

Comme pour la grande majorité des livrables design, nous recommandons d'associer le client le plus en amont possible dans l'élaboration. La structure sera communiquée assez tôt dans le projet pour mieux cerner les attentes et éviter un retravail conséquent si les éléments du corpus ne paraissent pas suffisamment représentatifs. Nous recommandons de prévoir avec le client une séance de restitution où les principaux enseignements du benchmark seront détaillés dans une synthèse d'environ 60 slides, avant la remise du livrable final. À l'issue de cette présentation orale, le client est susceptible de demander à l'équipe de retravailler et/ou creuser certains aspects du benchmark. Cette itération permet alors d'établir une nouvelle version du document, qui répondra au plus près aux attentes, livrée par voie électronique.

Ressources et outils pour réaliser un benchmark

L'une des difficultés du benchmark consiste à trouver des sources d'information pertinentes et variées pour alimenter le corpus d'analyse. Cela peut se révéler une tâche très consommatrice de temps et ardue. Voici une liste de sites Web permettant un précieux gain de temps :

Usages du numérique

— <www.psfk.com>
— <www.proximamobile.fr>
— <www.internetactu.net>
— <www.singularityhub.com>
— <www.numerama.com>
— <www.atelier.net>
— <www.engadget.com>
— <www.digitaltrends.com>
— <www.wired.com>
— <www.theverge.com>
— <www.arstechnica.com>
— <http://recode.net/>

Interfaces

— <www.awwwards.com>
— <www.thefwa.com>
— <www.patterntap.com>
— <www.pttrns.com>

Design (généraliste)

— <www.fastcodesign.com>
— <www.core77.com>
— <www.designboom.com>
— <www.etapes.com>
— <www.design-milk.com>
— <www.coolhunting.com>
— <www.dezeen.com>
— <www.trendsnow.net>
— <www.trendland.com>

Communication institutionnelle / intranets

— <www.bowencraggs.com>
— <www.comprend.com/webranking/>
— <www.nngroup.com/articles/>

Outils logiciels

Pour réaliser des captures d'écran :
— <http://realmacsoftware.com/ember>

La recherche secondaire

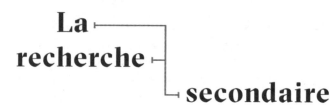

La recherche dite secondaire (ou *desk research*, littéralement recherche de bureau) consiste à recueillir et à synthétiser des données issues de documents existants, par opposition à la recherche dite primaire, où les données sont issues des activités empiriques menées sur le terrain avec les utilisateurs. Les sources d'information de la recherche secondaire peuvent être très diverses et incluent des ouvrages, des articles, des études, des statistiques, des experts métier... La recherche secondaire est aujourd'hui essentiellement conduite en ligne ou éventuellement dans un centre de documentation, mais elle peut aussi s'effectuer en interrogeant des spécialistes.

© PSFK

Un rapport de PSFK — The 2017 Forecast.

La recherche secondaire est l'étude de sources de données subsidiaires, qu'elles soient accessibles dans le domaine public ou au travers de moyens privés. Souvent, elle consiste à mettre en relation une information dispersée et disparate, tout en référençant les sources. Certaines de ces informations sont disponibles en libre accès et gratuites, d'autres doivent faire l'objet d'un achat de licence ou d'abonnement, en particulier si les données sont originales et exclusives.

Une fois rassemblées les informations qui concernent la problématique du projet et le client, on réalise une synthèse, formelle ou informelle, qui peut être une présentation, un diagramme, voire un blog. La recherche secondaire peut être très chronophage et l'une de ses difficultés consiste à sélectionner une quantité d'information adéquate et la plus à jour possible. Souvent, la difficulté tient également à identifier des sources d'information sur un domaine très spécifique. En dressant un état de l'art sur la thématique du projet, le territoire, son périmètre et les opportunités sont mieux cernés et peuvent guider l'investigation sur le terrain, dont la recherche secondaire peut être le point de départ. Parfois, lorsque le brief initial est insuffisant, il peut être nécessaire de le compléter pour mieux comprendre l'historique, les valeurs et le savoir-faire du client. Une veille informelle peut être aussi conduite dans l'actualité pour apprécier l'image qu'elle renvoie dans les médias, notamment dans la presse économique ou professionnelle.

Enfin le design cherche depuis quelques années à se saisir des travaux des sciences sociales et de la compréhension très fine qu'elles peuvent apporter des enjeux liés aux pratiques du numérique. Des écoles de design comme Strate ou l'ENSCI intègrent cette approche. La sociologie des usages, en particulier, peut apporter une connaissance utile dans le cadre de la recherche secondaire.

Études sectorielles

— CCM Benchmark Institut, cabinet d'études spécialisé dans le numérique, <www.ccmbenchmark.com/institut>
— Forrester, cabinet de conseil et d'études spécialisé dans les technologies numériques, <www.forrester.com>
— Gartner, cabinet de conseil et d'études spécialisé dans les technologies numériques, <www.gartner.com>
— Market Research, base de données d'études de marché très complète, <www.marketresearch.com>
— McKinsey&Company, cabinet de conseil en management, <www.mckinsey.com>
— Pew Research Center, organisation américaine à but non lucratif qui publie des études gratuites sur les usages numériques, <www.pewinternet.org>
— Xerfi, cabinet d'études économiques sectorielles, <www.xerfi.com>

⌐ **Instituts
d'études** ⌐

— BVA, <www.bva.fr>
— GFK, <www.gfk.com>
— Ifop, <www.ifop.com>
— Ipsos, <www.ipsos.fr>
— Opinion Way, <www.opinion-way.com>
— TNS Sofres, <www.tns-sofres.com>

⌐ **Revues
scientifiques** ⌐

— La revue Réseaux – Communication – Technologie–
Société s'intéresse à l'ensemble du champ de la
communication et plus particulièrement aux télécommunications, aux mass-médias et à l'informatique,
<http://revue-reseaux.univ-paris-est.fr/fr>
— Interfaces numériques, revue scientifique internatio-
nale spécialisée dans le design numérique, <http://rin.
revuesonline.com/accueil.jsp>
— RESET, une revue qui envisage Internet comme terrain
d'enquête et objet de recherche nécessaire à la compréhension du monde social, <http://reset.revues.org>
— Terminal, revue de réflexion critique sur les mutations de la société à partir de la question des nouvelles
technologies de l'information et du développement
d'Internet, <http://terminal.revues.org>
— Revue Française des sciences de l'information et de
la communication, <http://rfsic.revues.org>
— TIC & société, une revue scientifique consacrée à
l'analyse des rapports entre les technologies de l'information et de la communication (TIC) et la société,
<http://ticetsociete.revues.org>
— Interactions, revue de design d'interaction de l'association américaine ACM, <http://interactions.acm.org>

⌐ **Autres sources
d'information
pour rassembler
des données
sectorielles** ⌐

— FING, think tank référent dont la vocation est d'anticiper les mutations liées aux technologies et à leurs
usages, <http://fing.org>

— Groupe Chronos, un cabinet d'études et de prospective travaillant notamment sur la thématique du numérique, <www.groupechronos.org>

— Hub Institute, think tank digital publiant des rapports de veille sur les dernières tendances et bonnes pratiques digitales, <http://hubinstitute.com>

— L'Institut national de la statistique et des études économiques (Insee), <www.insee.fr>

— Nielsen Norman Group, qui propose des études d'usage et d'utilisabilité sur des thématiques très spécifiques, <www.nngroup.com>

— L'Observatoire du numérique, <www.observatoire-du-numerique.fr>

— PSFK, cabinet de tendances spécialisé dans le digital, <www.psfk.com>

— La presse économique, par exemple, Les Echos, <www.lesechos.fr>

— Les sites ministériels, notamment le site de la Direction Générale des Entreprises, <www.entreprises.gouv.fr/etudes-et-statistiques>

— Eurostat, le site des statistiques officielles de l'UE, <http://ec.europa.eu/eurostat/publications/recently-published>

— Syntec Numérique, <www.syntec-numerique.fr>

La recherche utilisateur

Définition
et périmètre

La recherche utilisateur comprend l'ensemble des activités qui consistent à mener l'étude systématique du comportement des personnes dans le contexte d'usage du produit pour découvrir quels sont leurs besoins, leurs attentes et leurs objectifs. La recherche utilisateur informe et guide la conception pour formuler des hypothèses de travail et des solutions de design qui concilient ces besoins avec les objectifs du commanditaire du projet. Elle s'appuie sur des faits et des comportements observables et non des opinions. Sans cette compréhension, les chances dont dispose le designer de faire émerger des propositions pertinentes sont réduites ‹79› car il ne peut alors s'appuyer que sur des intuitions.

La recherche utilisateur au sens strict (centrée sur l'étude du comportement de l'utilisateur) se distingue des techniques marketing qui permettent de mettre en lumière les opinions et les préférences des utilisateurs (*focus group* par exemple). Les deux approches sont souvent confondues bien qu'en aucun cas interchangeables même si elles peuvent être combinées.

Les techniques de la recherche utilisateur ont amplement évolué ces dernières années, notamment avec l'émergence de nouvelles techniques plus élémentaires et agiles, dites « à distance » ‹80›, c'est-à-dire conduites par téléphone ou par Internet, par opposition aux techniques de terrain et de laboratoire. La recherche utilisateur à distance peut être modérée ou automatisée, avec ou sans l'intervention d'un modérateur.

Objectifs
Aspects critiques
Questions initiales

Les objectifs de la recherche utilisateur sont les suivants :
— Compléter la compréhension de l'environnement et du contexte dans lequel le projet va être conçu, en particulier si ceux-ci sont très spécifiques (exemples : refonte d'une interface destinée à des

‹79›
Alan Cooper,
Robert Reinmann,
David Cronin,
Christopher Noessel,
op. cit., p. 31.

‹80›
Le terme anglais
est *remote research*,
qui fait d'ailleurs
l'objet d'un ouvrage
de Tony Tulathimutte
et Nate Bolt,
Remote Research,
publié chez Rosenfeld
Media, en 2010.

analystes financiers ou création d'un objet connecté destiné aux personnes âgées).
— Comprendre les préoccupations, le comportement et les capacités des utilisateurs existants et/ou potentiels du produit ou du service.
— S'assurer en amont que le produit ou le service envisagé par le client sera considéré utile par ses utilisateurs potentiels et que le projet se justifie par un besoin étayé.
— Appuyer, inspirer et motiver les solutions de design proposées par des données qualitatives.
— Faciliter et accélérer la validation des solutions par le commanditaire, en apportant des arguments fondés sur des faits.

Les méthodes, livrables et techniques

Les principales méthodes et techniques mises en œuvre pour la recherche utilisateur sont les suivantes :
— analyses d'audience ;
— enquêtes ;
— entretiens avec les parties prenantes ;
— observation en contexte (recherche de terrain) ;
— analyse des tâches ;
— tri par cartes ;
— tests utilisateurs.

Les défis potentiels

Les défis potentiels de la recherche utilisateur sont nombreux car c'est une démarche encore peu intégrée aux projets de design en France, sauf dans certains secteurs industriels très matures comme l'automobile. Les réticences du commanditaire du projet s'articulent autour de trois principales objections, relevées par Kim Goodwin ‹81› :
— Le coût et l'impact sur le planning du projet : c'est l'aspect souvent le plus décourageant. Négliger la phase de recherche peut engendrer des retards et des coûts encore plus conséquents que de consacrer quelques jours à quelques semaines pour rassembler des données qui inspireront la conception.

— L'existence d'études marketing, qui ne reflètent pas comment les clients utilisent le produit mais se concentrent sur la façon dont elles le perçoivent et éventuellement leur degré de satisfaction.
— « Les experts métiers connaissent déjà bien les clients / utilisateurs ». Les experts métiers auront une excellente connaissance du domaine et de ce que déclarent les utilisateurs, mais pas nécessairement d'informations sur la réalité de leurs comportements.

D'autres défis et limites peuvent se manifester lors de la recherche utilisateur :
— Déterminer quelles techniques de recherche privilégier pour obtenir l'information qui éclairera la compréhension. Le champ des possibles est vaste et la sélection d'une méthode ne peut s'effectuer qu'en claire connaissance du contexte du projet.
— S'appuyer sur un panel d'utilisateurs inapproprié, lorsqu'ils ont été mal qualifiés et qu'ils ne sont pas représentatifs des utilisateurs potentiels du produit ou du service, avec le risque de fausser l'interprétation des données.
— Poser les mauvaises questions et ne pas challenger les postulats (qui peuvent se révéler inexacts).
— Tirer des conclusions erronées des données en les sur-interprétant ou en tombant dans un biais. Un fait saillant ou une tendance observée peuvent ne pas être statistiquement significatifs.
— Être confronté à une réaction négative du client. Pour l'éviter, la formalisation du document de synthèse de la recherche sera particulièrement importante, en conservant à l'esprit de l'adapter à son audience.
— En laboratoire, les utilisateurs peuvent se comporter différemment du contexte d'usage habituel. <82>

<81>
Kim Goodwin,
op. cit., pp. 52-54.

<82>
Jonathan Lazar,
Jinjuan Feng,
Harry Hochheiser,
*Research Methods
in human-computer
interaction*,
Wiley, 2010, p. 34.

Entretiens individuels

Solliciter directement
les utilisateurs pour comprendre
leurs comportements
et leurs attentes

Les réactions directes des utilisateurs permettent d'intégrer fidèlement leur point de vue à la démarche de conception. De même, développer une connaissance approfondie de l'environnement métier, business et technique du projet, permet de rendre plus pertinentes les solutions envisagées. Les entretiens individuels consistent à recueillir les réactions des utilisateurs et des parties prenantes du projet à travers un échange directif ou plus libre de questions-réponses.

La démarche consiste à converser en direct avec plusieurs participants successifs dans le but de rassembler des informations qui pourront être exploitées pour modéliser les préférences des utilisateurs potentiels d'un produit ou d'un service et les besoins business. S'il s'agit de modéliser des comportements, on s'appuiera de préférence sur les observations en contexte, qui reflètent mieux les faits objectifs que la parole des utilisateurs. Plutôt que de chercher à obtenir un très grand nombre de points de vue différents, on vise à les approfondir en abordant les différents aspects d'une question, tout en encourageant l'utilisateur à développer ses réponses.

Conduire un entretien requiert des qualités d'observation et d'écoute, une capacité à comprendre et à prendre en compte les réactions et les émotions de celui ou celle qui est l'objet du questionnaire (empathie).

Un entretien, même s'il s'appuie sur une trame de questions précises, peut être exploratoire et flexible dans la façon dont il est mené.

Les entretiens peuvent être combinés avec d'autres techniques de recherche dites «primaires» (c'est-à-dire mobilisant directement l'utilisateur) comme l'observation en contexte et les tests utilisateurs.

Un entretien peut être mené en présentiel (de

préférence dans le contexte habituel du participant), par téléphone ou via un système de vidéo-conférence. Les entretiens peuvent intervenir à différentes occasions:

— À l'occasion de la création d'un nouveau produit ou service : avant l'idéation et la formulation de différentes pistes de projets, comme un outil pour dégager des opportunités nouvelles; ou après l'idéation, pour départager des hypothèses de solutions et les améliorer.

— À l'occasion de la refonte d'un produit ou d'un service existant.

Ils peuvent être mené à la fois pour inspirer la conception et pour évaluer une solution de design, lors de tests utilisateurs.

Les 5 objectifs des entretiens individuels

1 — Dégager une compréhension des besoins, des attentes, des activités, des préoccupations, des préférences et des comportements des personnes susceptibles d'interagir avec le produit ou le service.

2 — Explorer des habitudes d'usage, sans nécessairement se focaliser sur des fonctionnalités ou des solutions spécifiques.

3 — Comprendre les défis posés par une situation complexe ou particulière.

4 — Rassembler les caractéristiques que pourraient idéalement avoir le produit ou le service à designer, en demandant aux personnes interviewées de les décrire.

5 — Enregistrer les réactions des utilisateurs lorsqu'ils sont confrontés à une proposition de solution ou à un prototype, pour valider ou invalider l'approche choisie.

Les 5 bénéfices des entretiens individuels

1 — Les entretiens permettent d'explorer les différents aspects d'une problématique et d'approfondir réellement le point de vue de l'utilisateur, générant une grande richesse de données exploitables.

2 — L'échange se déroulant de façon synchrone, la structure de l'entretien peut être extrêmement flexible et s'adapter aux opportunités qui sont découvertes au fil de la conversation.

3 — Les entretiens peuvent permettre de redéfinir entièrement la problématique du projet ou tout au moins de l'envisager selon une perspective différente, notamment lorsqu'il s'agit de refondre un produit ou un service qui compte plusieurs années d'existence.

4 — Qu'il s'agisse d'affiner des hypothèses de solutions ou de les remettre totalement en question, les entretiens apportent des arguments factuels très utiles et souvent persuasifs.

5 — Les entretiens permettent de mettre en évidence les points noirs de l'expérience utilisateur, qui sont généralement des questions prioritaires à résoudre dans la phase d'exploration de solutions.

Les étapes de réalisation d'un entretien

Étape 0 — Préparer
— Structurer la liste des questions.
La structure de l'entretien peut être testée et ajustée avec les trois premiers participants.
— Sélectionner les participants.
— Planifier les rendez-vous.

On mène des entretiens avec des utilisateurs du produit ou avec des utilisateurs potentiels. Les experts métiers et les parties prenantes doivent idéalement être intégrés dans cette phase de la recherche utilisateur. En incluant les personnes affectées par l'usage / l'évolution du produit, on obtiendra une vision plus large du contexte, qui pourra être confrontée avec les préférences des utilisateurs potentiels.

Lorsqu'il s'agit d'une problématique dédiée à l'interne (application métier ou intranet), les groupes d'utilisateurs sont plus aisés à identifier.

Il est important que toutes les catégories d'utilisateurs (ou de non-utilisateurs) soient représentées, pour s'assurer que le sujet sera couvert de façon aussi exhaustive que possible.

Étape 1 — Conduire l'entretien
Introduction
En introduction, la personne qui conduit l'entretien doit:
— S'identifier auprès du participant, en se présentant et en déclinant le nom de la structure auprès de laquelle elle intervient.
— Rappeler le contexte du projet dans lequel l'entretien est réalisé.

— Préciser au participant les objectifs généraux de l'entretien et ce qui est attendu de lui, sans offrir trop de détails, pour ne pas l'encourager à donner des réponses complaisantes.

— Fixer la durée de l'entretien (en général autour d'1h).

— Proposer au participant de poser des questions pour clarifier la démarche de l'entretien si nécessaire. Cette étape doit être l'occasion de mettre à l'aise le participant et de favoriser de bons rapports pour faciliter sa coopération et l'encourager à partager l'information, sans toutefois être trop familier.

Engager la discussion

L'interviewer débute généralement l'entretien par une question assez simple et large pour établir la confiance et cerner le contexte, par exemple en proposant au participant de se présenter et de décrire ses responsabilités.

Poser les questions les plus génériques, puis s'attarder sur les points à approfondir ou plus techniques

L'entretien se déroule des questions les plus génériques aux plus spécifiques. On encourage le participant à détailler davantage ses réponses si nécessaire. L'enchaînement des questions ne doit pas être trop rapide pour laisser le temps au participant de formuler ses réponses, sans l'interrompre de manière inopportune.

Conclusion

Lorsque toutes les questions ont été posées, la personne qui conduit l'entretien demande au participant s'il souhaite ajouter des commentaires. Les enseignements clés de l'entretien peuvent être également formulés pour laisser la possibilité au participant de confirmer ou de corriger ses propos.

On remercie le participant pour le temps qu'il a consacré à l'entretien et explique éventuellement plus en détail l'objet de la recherche menée.

Étape 2 — Analyser et synthétiser les données collectées

Pour tirer pleinement les bénéfices de l'entretien, il est recommandé de prendre quelques notes immédiatement après celui-ci et de le synthétiser assez rapidement, voire organiser un débrief pour en dégager les points clés. Un compte rendu rapide, sous forme de liste, est réalisé, puis une transcription exhaustive ou synthétique de l'entretien. Une analyse plus poussée du discours consiste à mesurer l'occurrence de certains termes ou à catégoriser les réponses selon des thématiques prédéfinies, pour repérer des motifs récurrents dans l'entretien.

Une synthèse, avec les enseignements clés, est formalisée à l'attention de l'équipe design et du client.

Étape 3 — Modéliser

Une fois l'ensemble des entretiens mené, le travail
d'interprétation doit permettre de dégager une représentation pertinente des données accumulées.

La modélisation peut s'appuyer :

— sur des citations extraites des entretiens ;
— sur des diagrammes d'affinité ;
— sur des personae.

Ces livrables sont exposés plus loin dans cet ouvrage.

⌐ **Formalisation
du livrable** ⌐

Le livrable des entretiens consiste en un compte rendu
(document de traitement de texte) qui sera lu et archivé
et/ou une synthèse structurée de la matière recueillie sur
le terrain qui sera impérativement présentée au client.

⌐ **Structure et anatomie
du livrable** ⌐

Un entretien peut être directif, semi-directif ou libre.
Dans le cas d'un entretien directif, on utilise un script
qui ordonne les questions de façon rigide. Ce type
d'entretien est plus facile à analyser car les différents
participants sont susceptibles d'aborder les mêmes
sujets dans le même ordre et les réponses comportent
peu de digressions. Il est donc plus facile de comparer
les participants.

Les entretiens semi-directifs sont plus adaptés aux situations où des questions additionnelles, des
clarifications peuvent être demandées. Comme dans
le cas des entretiens directifs, une liste de questions
est préparée mais la personne qui mène la discussion
peut l'adapter en fonction des réponses apportées.
L'objectif peut être dès lors d'approfondir les commentaires apportés par l'interviewé.

Un entretien libre peut s'appuyer sur une liste
de sujets à aborder, mais laisse l'interviewé conduire la
conversation dans le sens qu'il entend, selon les sujets
qu'il juge importants. Cette liberté occasionne un effort
d'interprétation plus conséquent mais est très utile
lorsqu'il est difficile de définir les questions à l'avance,
notamment dans des domaines très techniques.

Les sujets à aborder
avec un utilisateur potentiel du produit
ou du service <83>

— Son contexte et son environnement de travail : Dans quel cadre travaille-t-il ou utilise-t-il le produit ?
— Ses activités : Quelles sont-elles, à quel moment, à quelle fréquence, pour quelles raisons…? Comment les tâches sont-elles réalisées? Lesquelles sont prioritaires? Quel est le rôle du produit dans ces activités?
— Ses objectifs : Au-delà des activités, quels objectifs l'utilisateur cherche-t-il à atteindre?
— Ses relations avec ses collaborateurs : Comment l'équipe est-elle organisée? Quelles sont les informations à partager? De nombreuses réunions ont-elles lieu? Sur quels sujets?
— Les points de frustration : Quels sont les défis à relever dans l'usage du produit ou du service? Les conditions d'utilisation sont-elles difficiles? Pour quelles raisons?

Les sujets à aborder
avec un expert métier

— Le rôle dans l'entreprise : Quelles sont ses attributions? En quoi consistent ses responsabilités?
— Le parcours professionnel : Quelles fonctions a-t-il exercé précédemment dans l'entreprise ou ailleurs?
— Sa vision du produit ou du service : Quelle est l'utilité du produit? Comment fonctionne-t-il? Que doit être le produit et que ne doit-il pas être? Quels sont les choix techniques qui ont déjà été réalisés?
— Les cibles du produit ou du service : A qui s'adresse le produit? Quelles sont les différentes typologies de cibles? Comment sont-elles hiérarchisées?
— Les concurrents / l'état du marché : Qui sont les principaux concurrents? Quelles sont les tendances du marché?
— Les défis / les risques du projet : Quels sont les points d'inquiétude sur le projet? Quel pourrait être le pire scénario?
— Les objectifs et les bénéfices attendus du projet : Quelles retombées sont attendues du projet? Comment va-t-il affecter l'entreprise? Que va-t-il lui permettre d'accomplir qu'elle ne pouvait pas réaliser auparavant?

<83>
Kim Goodwin,
op. cit., p. 125.

— Les facteurs-clés de succès du projet : Comment le participant définit-il de son point de vue ce qui peut contribuer à la réussite du projet ?

... Sans oublier de rester ouvert aux commentaires additionnels du participant.

⌐ Ressources et outils pour l'entretien ⌐

Le matériel nécessaire pour mener un entretien

Prévoir un back-up des questions sur papier et sur un support électronique (tablette ou téléphone mobile). L'enregistrement des réponses du participant peut s'effectuer de différentes façons :

— Par une prise de notes écrites (sur papier ou ordinateur, notamment pour noter tous les signes non verbaux qui peuvent ajouter un supplément de sens, mais pas nécessairement pour retranscrire les réponses car cela peut distraire le participant).

— Par une captation audio et/ou vidéo (avec un smartphone ou un autre moyen de captation, en gardant en tête que la formalisation de la transcription pourra prendre du temps). La captation vidéo représente un challenge logistique supplémentaire et doit être justifiée.

— Des photos du participant ou de schémas qu'il aura réalisés peuvent être également intégrés, en veillant à ne pas l'intimider et à lui en demander l'autorisation.

Ouvrages

— Kathy Baxter, Catherine Courage, Kelly Caine, *Understanding Your Users*, 2e édition, Morgan Kaufmann, 2015.

— Elizabeth Goodman, Mike Kuniavsky, Andrea Moed, *Observing the User Experience*, 2e édition, Morgan Kaufmann, 2012.

— Kim Goodwin, *Designing for the Digital Age*, Wiley, 2009.

— Jonathan Lazar, Jinjuan Heidi Feng, Harry Hochhseiser, *Research Methods in Human-Computer Interaction*, Wiley, 2010.

— Steve Portugal, *Interviewing users*, Rosenfeld Media, 2013.

Enquêtes

© *designers interactifs*

Interface de PollDaddy, montrant les résultats d'une enquête sur le site de *designers interactifs*.

**Recueillir
un grand nombre de réponses
sur la façon dont les personnes
interagissent avec
un dispositif numérique**

Une enquête permet de rassembler des données quantitatives. Elle consiste à mettre en œuvre une approche méthodologique (notamment statistique) et à proposer à un large panel de participants un ensemble de questions ouvertes ou fermées. Les enquêtes sont idéales pour rassembler des informations descriptives, comme les caractéristiques des participants, leurs intérêts, leur satisfaction ou leurs comportements. Contrairement aux entretiens, les enquêtes ne permettent pas d'approfondir les données avec leurs participants.

Deux approches sont envisageables pour exploiter les résultats d'une enquête : soit on s'appuie sur des études qualitatives et quantitatives existantes (souvent disponibles auprès des départements marketing ou à acheter), soit on développe sa propre enquête, avec l'aide d'un professionnel. Une enquête peut être combinée à d'autres techniques de recherche utilisateur.

Les 5 objectifs des enquêtes

1 — Décrire le profil des participants en termes de caractéristiques démographiques, de préférences et de comportements d'usages.
2 — Segmenter des typologies de profils à partir desquels on détermine le potentiel d'un produit ou d'un service, pour évaluer l'intérêt qu'il y a à le développer.
3 — Fournir un aperçu rapide et fiable de la façon dont les participants interagissent avec un dispositif.
4 — Différencier les utilisateurs spécifiques d'un produit ou d'un service des utilisateurs en général.
5 — Déterminer si l'audience/les utilisateurs d'un site, d'une application, d'un produit ou d'un service correspond à l'audience souhaitée ou une audience inattendue.

Les 5 bénéfices des enquêtes

1 — Collecter des données auprès d'une grande quantité de participants, dans un temps qui peut être relativement court, sur un périmètre géographique très dispersé, pour offrir une photographie assez générique d'une typologie d'utilisateurs.
2 — Être un outil très efficace pour contrer les préjugés qui peuvent exister sur la connaissance supposée des caractéristiques des utilisateurs ; c'est aussi un outil « politique » puissant dans un projet.
3 — Permettre de sélectionner et d'identifier les participants à un entretien, dans la population cible, pour améliorer la pertinence des recherches.
4 — Être applicable à un grand nombre d'objectifs de recherche, pour offrir un aperçu global.
5 — Être facile à mettre en œuvre d'un point de vue pratique : approbation du commanditaire facile à obtenir, sans matériel nécessaire, et largement automatisable.

Les étapes de réalisation d'une enquête

Étape 0 — Planifier, identifier les cibles et définir les objectifs de l'enquête. On réalise un calendrier précisant les différentes phases de l'enquête : préparation, promotion du questionnaire, test, collecte des réponses, analyse des données, formalisation et livraison d'une synthèse. Les objectifs de l'enquête sont explicités et listés.

Étape 1 — Rédiger les questions et élaborer le formulaire. On commence par brainstormer rapidement sur une liste de questions, qu'on ordonne et hiérarchise dans un second temps. Si on utilise un formulaire en ligne, on le met en page en saisissant les questions et les possibilités de réponses associées.

Étape 2 — Déterminer la taille de l'échantillon nécessaire, planifier la date et la durée de l'enquête.

Étape 3 — Recruter les participants et les inviter à répondre à l'enquête. L'invitation peut prendre la forme d'un e-mail incitatif ou d'un lien placé sur le site / l'intranet / l'application, s'il s'agit d'un formulaire en ligne.

Étape 4 — Tester et lancer l'enquête.

Étape 5 — Analyser et interpréter les données.

Formalisation du livrable

L'enquête prend généralement la forme d'un questionnaire. Les questions peuvent être soumises numériquement (via un formulaire en ligne ou sur tablette si l'enquête a lieu *in situ*), sur papier ou verbalement. Une combinaison des différents modes est également envisageable.

Les données sont ensuite rassemblées dans un tableur et leur interprétation est synthétisée dans un document de présentation, qui en reprend les enseignements un à un.

Structure et anatomie du livrable

Les questions de l'enquête peuvent être ouvertes ou fermées. Les questions ouvertes permettent au participant une flexibilité plus grande dans la réponse. Elles ne doivent pas pour autant l'orienter. Les questions fermées consistent à fournir une liste de réponses possibles dans laquelle le participant en choisit une ou plusieurs.

Les types de questions
à explorer dans une étude quantitative
peuvent être les suivants <84>

— Des questions pour cerner les caractéristiques : Qui
sont les participants ? Quel âge ont-ils ? Quel est leur
métier ? Quel est leur niveau d'études ? Quel matériel
informatique utilisent-ils ? Sur quelle plate-forme logicielle travaillent-ils ?
— Des questions d'ordre comportemental : Visitent-ils
fréquemment le site / l'application ? Quelles tâches y
réalisent-ils ? Quelles fonctionnalités utilisent-ils ?
— Des questions d'attitude : Sont-ils satisfaits du produit ou du service ? Quelles sont leurs préférences ?
Quelles sont leurs attentes ? Quelles fonctionnalités
manque-t-il ? Quels sont leurs points de frustration ?
Ont-ils des idées pour améliorer le produit ?

Le questionnaire doit toujours débuter par des instructions pour préciser la façon dont le participant doit
répondre. La structure du formulaire doit être aussi
explicite que possible ; on regroupe les questions rele-
vant du même thème au sein d'une section. La longueur
du formulaire doit être savamment mesurée, pour ne
pas décourager les participants. Le questionnaire doit
être paginé et donner une indication de sa longueur.
On considère généralement que le temps consacré à
répondre ne doit pas excéder une vingtaine de minutes.

Ressources
et outils

Outils pour mener des enquêtes et mettre en place
des questionnaires en ligne :
— Survey Monkey, <www.surveymonkey.com>
— Survey Gizmo, <www.surveygizmo.com>
— Poll Daddy, <www.polldaddy.com>

Analyse
d'audience

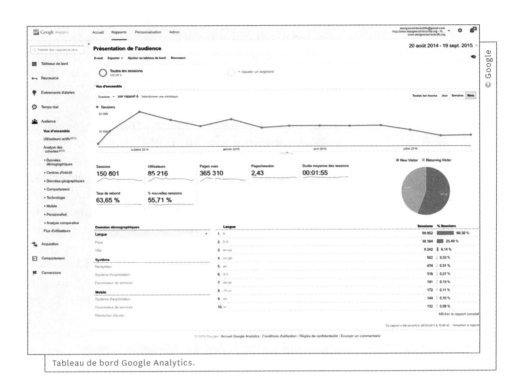

© Google

Tableau de bord Google Analytics.

Dégager des enseignements utiles des données issues de la mesure d'audience

Dans la refonte d'un projet, il est utile de se forger une représentation quantitative de la façon dont les utilisateurs utilisent le site ou l'application actuelle. L'analyse de l'audience consiste à recueillir puis analyser les données issues de l'usage d'un site ou d'une application et à formaliser la présentation des données pour connaître la performance du dispositif selon différents critères. Pour Michael Beasley, c'est « une façon de découvrir comment les utilisateurs interagissent avec le site ou l'application en enregistrant automatiquement différents aspects ayant trait au comportement des utilisateurs, en transformant ce comportement en données analysables <85>. »

<85>
Michael Beasley,
Practical Web Analytics for User Experience,
Morgan Kaufmann,
2013.

<84>
Mike Kuniavsky,
Observing the User Experience: a practitioner's guide to user research,
Morgan Kaufmann,
2003.

La démarche repose sur le marquage des pages et sur l'analyse des logs <86>. Le marquage des pages permet de déterminer quelles pages ont été chargées dans le navigateur, à quel moment, depuis quelle origine (moteur de recherche, autre page référente ou page interne), les caractéristiques techniques du navigateur et l'adresse IP. On suit alors l'activité au sein des pages et entre les séquences de pages.

On utilise l'analyse d'audience notamment pour optimiser le référencement dans les moteurs de recherche (*Search Engine Optimization*), identifier des problèmes éventuels dans la navigation ou le repérage de l'information, pour mesurer l'engagement et la conversion. Les outils professionnels d'analyse permettent de poser des tags sur les éléments d'interface afin d'obtenir des mesures très fines et variées. Avec certains outils, un suivi des parcours utilisateurs précis est possible. Ils restituent ce parcours sous la forme d'une animation retraçant ses différentes actions dans l'interface.

Pour Kim Goodwin <87>, l'analyse d'audience permet davantage d'identifier des symptômes que d'expliciter des causes et des comportements de navigation.

L'analyse des logs du moteur de recherche renseigne sur les besoins, les modes d'accès et de consommation de l'information des utilisateurs <88>. Les logs du système de recherche mettent en évidence ce que recherchent les utilisateurs et les expressions qu'ils formulent.

La question de l'analyse de l'activité des utilisateurs à travers sa mesure quantitative est très liée au CRM (*Customer Relationship Management*). D'ailleurs, en complément, l'analyse des questions posées au support client peut être une technique riche d'enseignements pour déterminer les préoccupations des utilisateurs. Elle permet de faire remonter différents types de retours liés à la compréhension des services ou des produits, à la satisfaction client, aux points noirs de l'expérience ou au contraire aux facteurs de succès.

Les 5 objectifs
des analyses d'audience

1 — Mesurer l'ensemble des indicateurs de performance, d'audience, d'engagement et de conversion de l'interface. Ces indicateurs vont du nombre de visites au volume d'achats, en passant par le taux de rebond ou encore le temps passé dans l'interface.

2 — Comprendre la façon dont les utilisateurs interagissent avec l'interface et le cas échéant, enquêter sur les raisons d'un comportement observé. Se connectent-ils avec un navigateur desktop ou mobile? Viennent-ils d'un moteur de recherche ou d'un réseau social? Quelles activités réalisent-ils dans l'interface? Pourquoi le taux de conversion diminue-t-il sur certaines pages?

3 — Être une source de données et d'inspiration pour la conception/la refonte d'un produit ou d'un service. Les analyses d'audience offrent des pistes et des axes de travail pour améliorer la performance de l'interface.

4 — Compléter les données de la recherche qualitative par des données quantitatives qui mettent en perspective l'échelle du problème identifié et ainsi crédibiliser davantage les hypothèses d'interprétation formulées sur le comportement des utilisateurs. En d'autres termes, quantifier la portion des utilisateurs qui font preuve d'un comportement observé dans une autre technique de recherche utilisateur.

5 — Mesurer la performance des ajustements de design lorsqu'il s'agit de faire évoluer le dispositif par itérations successives (par exemple à l'aide de tests A/B).

Les 5 défis et
5 bénéfices de l'analyse
d'audience

1 — Identifier des problèmes potentiels d'accès à l'information ou de conversion, au sein de zones spécifiques de l'interface et définir des directions pour y pallier.

2 — Prendre des décisions de design directement informées par l'analyse des données observées et contribuer à optimiser l'interface en l'adaptant aux besoins et aux attentes déduits de l'analyse d'audience.

3 — Accéder à la façon dont les utilisateurs formulent, dans leur propre terminologie, leurs besoins, grâce à l'analyse des logs du moteur de recherche.

<86>
Un *log* (anglicisme pour désigner un historique) est un fichier enregistrant les événements qui surviennent dans une application logicielle ou un serveur web.

<87>
Kim Goodwin, *op. cit.*, p. 193.

<88>
Rosenfeld Morville, *op. cit.*, p. 109.

4 — Transformer des enseignements cachés dans les
données en opportunités d'amélioration de l'interface.
5 — Apporter des éléments de preuves factuelles aux
parties prenantes du projet et argumenter en faveur
d'une démarche approfondie de recherche utilisateur.

Les étapes
de la mise en œuvre
de l'analyse d'audience

Étape 1 — Définir la problématique à explorer, par
exemple : Quelles sont les pages sur lesquelles les utilisateurs passent le plus de temps ? Quelles typologies
de contenu amènent les utilisateurs sur le site ? Quels
sont les tâches et parcours utilisateurs les plus importants et comment sont-ils réalisés dans l'interface ?
Étape 2 — Rassembler les données et les filtrer. En
fonction du périmètre de la question (types de page,
période, etc.), on détermine quelles sont les données
à examiner et pour faire apparaître l'information utile,
on les filtre.
Étape 3 — Interpréter les données. Il peut s'agir
d'évaluer si des évolutions du site ou de l'application
réduisent le taux de rebond, améliorent la conversion ou augmentent le temps passé par les visiteurs.
L'interprétation doit s'appuyer sur une contextualisation précise des données : période temporelle
spécifique, comparaison entre les pages et les utilisateurs d'un même site, etc.
Étape 4 — Formaliser un rapport d'audience.

Formalisation
du livrable

Le rapport d'audience est généralement un livrable
synthétique d'une ou deux pages. Il peut être réalisé soit sous la forme d'une présentation, soit sous
la forme d'une infographie plus synthétique, com-
portant uniquement les indicateurs clés souhaités.
L'analyse de l'audience peut aussi se matérialiser par
un parcours utilisateur qui représente les étapes par
lesquelles le visiteur passe dans ses interactions avec
le produit ou le service.

Structure et anatomie
du livrable

Le rapport d'audience peut aborder un vaste ensemble d'indicateurs quantitatifs. En voici les principaux :
— suivi de l'optimisation du référencement naturel ;
— nombre de pages vues ;
— nombre de visites ;
— nombre de visiteurs uniques ;
— temps moyen passé sur une page spécifique ou dans l'interface ;
— taux de rebond ;
— taux de sortie ;
— taux de conversion ;
— taux d'engagement (viralité/nombre de partages d'un contenu sur les réseaux sociaux, téléchargement d'un document, nombre de *returning visitors*, etc.) ;
— logs du moteur de recherche (occurrences des termes les plus recherchés) ;
— origine des visiteurs (trafic direct, via les moteurs de recherche, sites référents) ;
— taux de complétion ;
— terminaux, systèmes d'exploitation, résolution d'écran, navigateurs de consultation (sur les sites et applications e-commerce) ;
— analyse du chemin (*click-path*) ;
— performance des achats de mots-clés.

Ressources
et outils pour le rapport
d'audience

— AWStats, logiciel libre offrant des vues dynamiques des statistiques d'accès Web, ‹www.awstats.org›
— ClickTale, service en ligne de heatmap et d'analyse du comportement des utilisateurs, ‹www.clicktale.com›
— Crazy Egg, logiciel de carte de chaleur qui permet de visualiser le comportement des différents visiteurs, ‹www.crazyegg.com›
— Google Analytics, «Solution professionnelle d'analyse d'audience Internet», ‹www.google.com/intl/fr_ALL/analytics›
— Xiti, solution gratuite de mesure d'audience de sites Web, ‹www.xiti.com›

Observation
en contexte

© iStock

Terminal d'aéroport.

**Comprendre le contexte
et les comportements
des utilisateurs
en s'appuyant sur
l'observation directe**

La recherche de terrain en design consiste à combiner l'observation directe ou indirecte des utilisateurs dans leur contexte, des entretiens et la participation de l'observateur aux activités qui sont conduites. Le contexte dont il est question peut être le lieu de vie ou de travail habituel, une boutique, les transports publics ou encore un établissement médical. Cette approche issue des sciences sociales s'est développée à partir des années 1990 dans le champ du design d'interaction. L'immersion *in situ* est envisagée pour acquérir une compréhension détaillée et nuancée du contexte qui ne serait pas possible au travers d'autres méthodes de recherche utilisateur. Lorsqu'elles sont indirectement observées, les activités des utilisateurs peuvent être captées en vidéo. La recherche de terrain peut également prendre place dans un environnement dit contrôlé, comme une salle de tests utilisateurs. Les différentes techniques ont chacune leur intérêt. En laboratoire, l'observation peut s'attacher à un examen très précis des interactions avec l'interface, tandis qu'en contexte, les conditions d'usage correspondent davantage à des situations susceptibles de survenir réellement.

En s'appuyant sur les déclarations des utilisateurs comme unique source d'information, il n'est pas toujours possible de déterminer avec certitude quels sont leurs activités et comportements réels. Il est souvent difficile pour les utilisateurs d'expliciter les détails et les raisons pour lesquelles ils accomplissent une tâche ou adoptent un comportement. Passer du temps dans l'environnement au sein duquel les utilisateurs potentiels du produit ou du service évoluent apporte de nombreuses précisions quant au déroulement des activités et des tâches qu'ils accomplissent et à leurs préoccupations.

Le degré de participation de l'observateur varie en fonction du type de recherche conduite et des conditions pratiques dans lesquelles celle-ci s'inscrit. Deux postures sont possibles : l'observation passive (l'observateur cherche à interférer le moins possible avec l'environnement) ou l'observation participative (l'observateur s'intègre au groupe observé et adopte un rôle spécifique). Sharp, Rogers et Preece notent que c'est souvent dans les moments de socialisation informelle que les informations clés peuvent se révéler <89>, ce qui plaide davantage pour l'observation participative.

Les données recueillies peuvent être très diverses et sont généralement rassemblées au fil de l'eau sous la forme de : notes, photographies, dessins, documents, captation sonore et/ou vidéo, diagrammes... Ces données concernent principalement : les activités, procédures, propos et conservations des participants

<89>
Sharp, Rogers, Preece,
op. cit., p. 258.

observés, l'organisation de l'espace et la disposition des objets, les outils utilisés et leur description... À cela s'ajoute désormais la volonté d'intégrer à la recherche de terrain l'étude des vecteurs culturels qui peuvent compléter la compréhension du comportement des participants et de leurs interactions avec la technologie, dans un contexte où l'informatique est devenue ubiquitaire et s'intègre dans de nombreux aspects du travail et de la vie quotidienne.

La recherche de terrain s'appuie sur différentes techniques comme le *shadowing* (qui consiste à suivre une personne dans son contexte pendant une période donnée tout en prenant des notes et en interrogeant le participant), la méthode de la pensée à haute voix (*think aloud* technique, qui consiste à demander au participant de commenter ses actions et ses pensées, lors d'une session de test dans un environnement contrôlé) et le journal de bord (*diary*, dans lequel le participant consigne ses expériences et impressions lors de son interaction avec un produit ou un service, dans une période fixée à l'avance). Ces techniques peuvent être combinées entre elles.

Les 5 objectifs de la recherche de terrain

1 — Offrir une description et une analyse du contexte et des activités non pas supposés mais réels des utilisateurs potentiels du produit ou du service, à travers l'implication directe de l'observateur et le recueil de données qualitatives.

2 — Immerger l'observateur dans l'organisation sociale où ont lieu les activités quotidiennes du participant afin de dégager une source d'information qui offre une «vision de l'intérieur».

3 — Contribuer à comprendre le contexte, les activités et les objectifs des utilisateurs lors de toutes les étapes de développement du produit ou du service, que ce soit à l'initiation du projet ou lors de la phase d'évaluation, pour déterminer si le prototype répond bien aux attentes.

4 — Vérifier, évaluer et valider un ensemble d'hypothèses/de pistes de design déjà formulées.

5 — Mener une analyse du matériau recueilli pour en dégager du sens au regard des objectifs de l'étude et révéler les besoins et les objectifs des utilisateurs.

Les 5 bénéfices
de la recherche de terrain

1 — Apporter une compréhension additionnelle du domaine dans lequel le projet est mené, en particulier lorsque celui-ci est difficilement accessible autrement que par l'observation directe.

2 — Mettre en évidence les besoins des utilisateurs en s'appuyant sur une représentation du système directement issue de leurs différents points de vue, par «triangulation».

3 — «Faire parler le terrain» sur la nature des problèmes à résoudre, révéler les relations qui existent entre les tâches des utilisateurs et ce qui est officiellement attendu d'eux dans leur travail quotidien.

4 — Jouer le rôle de l'utilisateur final en participant aux activités qu'il conduit, «penser comme lui», tout en découvrant des opportunités insoupçonnées pour la conception.

5 — Comprendre les effets d'une technologie sur une situation de travail ou de la vie quotidienne, les interactions qu'elle suscite et la façon dont les points noirs de l'expérience peuvent être résolus.

Les étapes
de réalisation de la recherche
de terrain

Étape 1 — Même s'il ne s'agit pas d'imposer une grille de lecture *a priori* sur les activités observées, il est utile de préparer une trame en amont, afin de structurer et de cadrer l'observation elle-même et sa restitution, conseillent Preece, Rogers et Sharp ‹90›. Cette trame s'articule autour des thèmes suivants:
— La personne: qui utilise la solution/le produit à un moment spécifique?
— Le lieu: où cette solution est-elle utilisée?
— L'activité: que font les utilisateurs avec le produit ou le service?

Robson suggère une trame plus détaillée qui encourage à porter davantage attention au contexte des activités (ici à titre indicatif):
— L'espace: quel est l'espace physique et comment est-il organisé?
— Les acteurs: qui sont les personnes impliquées et comment les décrire?

‹90›
Sharp, Rogers, Preece,
op. cit., p. 256.

— Les activités : que font les acteurs et pourquoi ?

— Les objets : quels objets physiques sont présents (comme les meubles) ?

— Les actions : quelles sont les actions précises de chacun ?

— Les événements : la scène observée fait-elle partie d'un événement spécial ?

— Le temps : quelle est la séquence des événements ?

— Les objectifs : qu'essaient d'accomplir les acteurs ?

— Les émotions : quel est l'état d'esprit du groupe et des individus ?

Étape 2 — On détermine les conditions dans lesquelles va s'opérer l'observation :

— le degré de participation de l'observateur ;

— la captation des données ;

— la stratégie à adopter pour être accepté dans le groupe observé ;

— les questions sensibles liées aux différences culturelles ou à l'éthique.

Étape 3 — Deux cas de figure se présentent :

— l'étude de terrain consiste à observer des personnes dans le contexte d'usage du produit ou du service (exemple : un aéroport) ;

— on « recrute » des participants en cherchant à les faire correspondre aux utilisateurs potentiels du produit ou du service ou aux priorités de l'étude.

Les personnes qui utiliseront le produit seront peut-être différentes de celles qui l'achèteront. Pour une sélection pertinente, on dresse une liste de critères que les participants doivent remplir et on formalise un profil type. Ces critères peuvent être sociodémographiques (âge, profession, situation géographique, intérêts...) ou comportementaux (habitudes d'usage ou d'achat, attitudes envers le produit, niveau d'expérience...). On identifie des participants selon leur correspondance avec le public cible et on les invite à participer au projet de recherche.

Étape 4 — On planifie le recrutement. Le temps nécessaire peut être conséquent. Pour trouver les personnes correspondant au profil type défini, on peut s'appuyer sur les utilisateurs déjà en contact avec l'entreprise (clients, prospects, abonnés aux réseaux sociaux, etc.) ou sur des groupes d'utilisateurs plus vastes. Pour la seconde option, on peut diffuser une annonce sur un site en relation avec la thématique du projet, lancer un appel dans une newsletter ou utiliser la visibilité offerte par la présence sur les réseaux sociaux.

Étape 5 — On planifie les visites, qui peuvent durer de quelques heures à plusieurs jours. Il peut être opportun de prévoir sa visite précisément au moment où les participants effectueront les activités qui doivent être observées. Au moment de prendre contact avec les participants, on leur explique l'objectif de la recherche, le temps requis et les types d'activité à observer. On prendra soin de demander l'autorisation de filmer et de photographier les participants et le contexte, notamment si des questions de confidentialité se posent. Dans certains cas, les participants sont dédommagés financièrement.

Étape 6 — On observe sur le terrain, on mène des entretiens informels et on décrit les propos et les comportements. Pour conduire la recherche dans de bonnes conditions, il est indispensable de nouer de bonnes relations avec les participants qui accueillent l'observateur et de suivre leurs conventions. Leur expliquer la démarche clairement contribue à les mettre en confiance.

Étape 7 — On mène un long travail d'analyse sur le matériau recueilli ‹91›. Les données issues de la recherche consistent souvent en une accumulation de notes, de photographies, d'enregistrements. Dès lors, il faut les organiser, en tirer les enseignements clés et dégager des recommandations. Ce processus d'analyse peut recourir au diagramme d'affinité, qui permet de classer thématiquement les notes.

Étape 8 — On procède à la restitution des résultats de la recherche. Dans le document de restitution, on précise la méthode qui a présidé à la collecte des données. Les données brutes peuvent être présentées sous la forme de diagrammes, de graphiques, de citations directes (écrites ou extraits vidéo).

Formalisation du livrable

Il est difficile de trouver une présentation adaptée aux designers des résultats d'une recherche de terrain. Jim Ross questionne même l'utilité de produire un livrable formel de la recherche utilisateur ‹92›, notamment si le temps alloué à cette phase du projet est réduit. Plusieurs facteurs peuvent influencer le type de formalisation à adopter, comme le budget disponible, le calendrier du projet, la réceptivité du client, son implication et le besoin de documenter le projet pour l'équipe de design.

‹91›
Jim Ross,
« Analysis isn't cool »,
UX Matters, 2015.
‹http://www.
uxmatters.com/mt/
archives/2015/07/
analysis-isnt-cool.php›

‹92›
Jim Ross,
« Communicating User
Research Finding »,
UX Matters, 2012,
consulté le 7 juin 2015.
‹http://www.
uxmatters.com/mt/
archives/2012/02/
communicating-user-
research-findings.php›

Le livrable peut prendre la forme d'un document entièrement rédigé et illustré, d'une présentation détaillée, d'un diagramme, de personae, de parcours utilisateurs... Mais il peut aussi être moins formel. Plutôt qu'un long document exhaustif, on privilégiera un document synthétique, mais riche en informations. Une réunion d'une heure peut être planifiée pour présenter les résultats de la recherche, par téléphone ou en présentiel.

Structure et anatomie du livrable

Le livrable devra comporter *a minima* les éléments suivants, quelle que soit la forme adoptée :
— une introduction avec les objectifs de la recherche et les méthodes mises en œuvre ;
— un résumé des découvertes principales qui ont été mises en évidence par la démarche ;
— les aspects positifs et négatifs qui ressortent des enseignements clés (sous la forme d'une liste) ;
— pour chaque enseignement clé dégagé, des illustrations, captures d'écran, diagrammes, photos, vidéos et citations ;
— des recommandations concrètes pour résoudre les problèmes identifiés. Chaque recommandation peut comporter un degré de priorité : faible, moyen, haut ;
— des propositions, si on est dans le cadre d'un projet d'innovation.

À consulter

Une collection de rapports de recherche gratuits de Nielsen Norman Group, <http://www.nngroup.com/reports/free/>

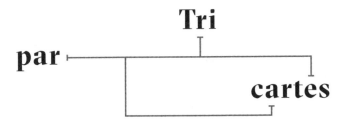

Tri par cartes

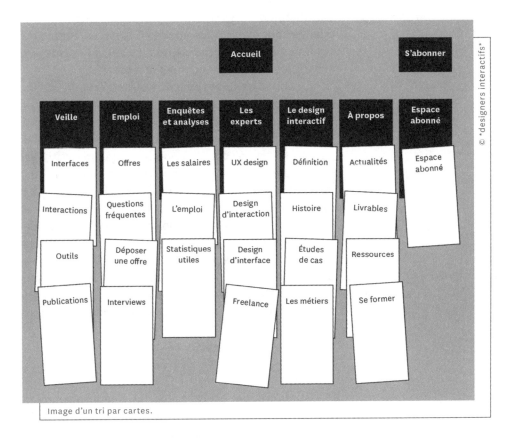

© "designers interactifs"

Image d'un tri par cartes.

**Aiguiller l'architecture
de l'information s'appuyant
sur la façon dont
les utilisateurs classent
et désignent les contenus**

Le tri par cartes (*card sorting* en anglais) est une technique issue des sciences humaines et sociales. Au départ utilisée pour modéliser la façon dont les connaissances sont structurées chez l'être humain, elle est appliquée à l'architecture de l'information comme une façon d'intégrer le point de vue de l'utilisateur dans la conception de l'arborescence et de la navigation d'une interface (site Web, intranet, application, etc.). La démarche permet de mettre en évidence la façon dont les utilisateurs organisent l'information, comment ils en désignent les regroupements et comment ils mettent en relation les thèmes abordés les uns avec les autres. Mise en œuvre en amont de la formalisation de l'arborescence et des interfaces filaires, la méthode consiste à réaliser des classements de cartes par regroupements, sur lesquelles sont inscrits les libellés des pages/écrans de contenus ou de fonctionnalités. Une fois les groupes constitués, les utilisateurs les nomment.

Un tri de cartes peut être ouvert (les utilisateurs classent les cartes dans des groupes qu'ils définissent eux-mêmes en les nommant) ou fermé (les utilisateurs classent les cartes dans des groupes prédéfinis).

Le tri par cartes peut être également utilisé pour explorer comment les utilisateurs hiérarchisent la priorité des fonctionnalités d'une interface. Les cartes décrivent par une phrase chaque fonctionnalité et les participants sont invités à les classer selon quatre groupes : très utile, relativement utile, moins utile, inutile. On demande alors aux participants d'expliciter leurs choix et de préciser la fréquence avec laquelle les fonctionnalités les plus utiles seront utilisées, afin de mieux comprendre leurs usages.

Les 5 objectifs
du tri par cartes

1 — Structurer une arborescence en s'appuyant sur les classements réalisés par des utilisateurs potentiels de l'interface. Par exemple, préfèrent-ils un classement thématique, par tâche ou géographique ?

2 — Dégager des schémas ou des tendances d'organisation de l'information à partir de la façon dont les utilisateurs s'attendent à trouver les contenus.

3 — Dresser l'inventaire des contenus et déterminer si ces contenus sont à redéfinir, à créer voire à supprimer.

4 — Améliorer la capacité de l'information à être trouvée dans une interface.

5 — Comprendre les besoins en information des différentes typologies d'utilisateurs.

Les 5 bénéfices
du tri par cartes

1 — Un atelier de tri par cartes est très facile à mener – tant pour l'organisateur que pour les participants –, fiable et très peu coûteux.

2 — Le tri par cartes améliore la facilité à repérer l'information dans une interface, ce qui la rend beaucoup plus facilement utilisable, notamment lorsque son organisation est complexe ou dense.

3 — En intégrant le point de vue de l'utilisateur dans la façon dont est organisée l'information, on adhère davantage à ses attentes.

4 — Une séance de tri par cartes peut être menée en une heure et génère rapidement des données exploitables.

5 — Le tri par cartes s'appuie sur la participation directe des utilisateurs potentiels, ce qui rend plus pertinentes les données recueillies.

Les étapes de réalisation
du tri par cartes

Étape 1 — On réalise la cartographie exhaustive des contenus existants ou suggérés. Il est conseillé de procéder à une relecture et de mener une session pilote afin de repérer de potentielles difficultés concernant les intitulés des cartes.

Étape 2 — On prépare et on découpe les cartes, si le tri s'effectue physiquement, ou on paramètre l'application, si le tri s'effectue sur un ordinateur (en présentiel ou à distance). Le nombre de cartes ne doit pas être trop important (une centaine maximum). Le matériel nécessaire est le suivant :
— des cartes épaisses (imprimées sur du papier de différentes couleurs pour éviter de mélanger les jeux) ;
— des enveloppes (contenir les différents jeux) ;
— des élastiques pour constituer des groupes ;
— des étiquettes pour nommer les groupes ;
— des stylos / marqueurs.

Les cartes peuvent comporter un libellé et une définition courte du contenu représenté (ce qui apporte utilement du contexte). On sélectionne et on invite les participants qui correspondent à l'audience cible. Entre 5 et 10 personnes suffisent pour offrir un aperçu représentatif.

Étape 3 — Les sessions peuvent se dérouler simultanément ou séparément. On accueille les participants et on présente la démarche du tri par cartes. On prévoit un lieu équipé de préférence de grandes tables pour disposer les cartes.

Les instructions données doivent :
— présenter le contexte ;
— décrire de manière précise chaque étape de la séance ;
— rappeler que l'anonymat sera préservé ;
— rassurer les participants sur le fait qu'ils ne sont pas évalués ;
— préciser la durée de la session.

Étape 4 — On mène le tri par cartes. À la fin de chaque session, on photographie chaque classement proposé par les participants. Les données collectées peuvent être de différentes natures :
— la façon dont les participants ont classé les cartes ;
— la façon dont ils ont nommé les groupes de cartes (si le tri est ouvert) ;
— les items qui ont été créés, renommés, supprimés ou mal compris.

Étape 5 — On analyse le résultat des sessions de tri par cartes de façon informelle ou formelle.

Formalisation du livrable

À l'issue des ateliers de tri par cartes, les résultats peuvent être synthétisés de façon informelle pour mettre en évidence les classements convergents. Un résumé peut être proposé pour décrire comment ces classements convergent ou divergent et quelles catégories ont été créées.

De façon plus formelle, on peut créer une matrice dans un tableur <93> où l'on précise dans quelles catégories les participants ont affecté les items. Les données peuvent également être analysées de façon automatique par un logiciel comme SynCaps. Une analyse statistique plus sophistiquée est possible, à l'aide de logiciels dédiés.

Structure et anatomie du livrable

Le livrable qui présente les résultats du tri par cartes peut être un tableau et/ou une arborescence. On réalise une présentation qui fait tout d'abord ressortir les enseignements clés du tri par cartes, puis une synthèse des résultats de l'analyse et enfin une recommandation d'arborescence.

Ressources et outils pour le tri par cartes

Logiciels

— UX Sort, logiciel gratuit pour Windows, ‹https://sites.google.com/a/uxsort.com/uxsort/home›
— xSort, logiciel gratuit pour Mac OS X, ‹http://www.xsortapp.com›

Applications en ligne

— OptimalSort, ‹https://www.optimalworkshop.com/optimalsort› (payant)
— SimpleCardSort, ‹http://www.simplecardsort.com› (payant)
— Userzoom, ‹http://www.userzoom.co.uk/software/card-sorting›
— UX Suite, ‹http://usabilitytools.com/ux-suite› (payant)

‹93›
Joe Lamantia propose un modèle de matrice Excel et détaille la démarche à suivre, dans un article de *Boxes and Arrows*: « Analyzing Card Sort Results with a Spreadsheet Template », consulté le 14 juillet 2015. ‹http://boxesandarrows.com/analyzing-card-sort-results-with-a-spreadsheet-template/›

La modélisation

Définition et périmètre

La modélisation repose sur les activités et les livrables qui permettent de donner du sens aux nombreuses données recueillies lors des phases de découverte et de recherche utilisateur. Souvent, le matériau amassé est hétérogène et volumineux : comptes rendus d'entretiens, photographies, notes, vidéos, enregistrements sonores, cahier des charges, brief, études... Les utiliser et en retirer de la valeur pour l'élaboration de la solution proposée est une entreprise délicate car une telle somme de données n'est pas aisément assimilable et peut mener à se noyer dans les détails. Pour reprendre Kim Goodwin <94>, un modèle est une représentation qui contribue à faciliter la compréhension et la communication des connaissances accumulées pendant la phase de recherche.

La modélisation ne se traduit pas par des productions qui seront visibles dans le résultat final du design, mais permet d'incarner, de guider et d'inspirer les solutions de design <95>. Les données brutes sont traduites dans des représentations qui facilitent la prise de décision, comme les personae ou la cartographie de l'expérience.

La modélisation s'appuie à la fois sur les données collectées auprès des parties prenantes du projet (le client) et auprès des utilisateurs. On débute par le passage en revue de toutes les ressources transmises par le client (brief, cahier des charges, précisions aux questions posées) et les données issues des échanges avec les parties prenantes (qui peuvent être des chefs de produit, des responsables communication ou des experts métier). On rédige une synthèse, qui peut consister en une note de cadrage, qui reformule le contexte, les besoins et les objectifs du client pour la valider avec lui. Dans cette synthèse, des contradictions et points de divergence peuvent apparaître sur les objectifs du projet. Il est important de les signaler, sachant qu'elles pourront parfois être résolues par les conclusions de la recherche utilisateur.

Dans un second temps, on synthétise et on explicite les données qualitatives de la recherche utilisateur pour favoriser l'appropriation des

<94>
Kim Goodwin,
op. cit., p. 201.

<95>
Rex Hartson, Pardha Pyla,
The UX Book:
Process and Guidelines
for Ensuring a
Quality User Experience,
Morgan Kauffman,
2012, p. 181.

enseignements clés. Les aspects à mettre en évidence dans cette analyse sont ‹96› : les objectifs, les frustrations, les capacités des personnes, la fréquence d'usage, la quantité, la priorité, les interactions avec les autres, le modèle mental, les données démographiques et les caractéristiques physiques.

Objectifs
Aspects critiques
Questions initiales

Les objectifs recherchés à travers la modélisation sont les suivants :
— passer en revue, condenser, synthétiser les données utiles recueillies dans le cadre de la phase de découverte et de recherche utilisateur ;
— confronter les objectifs du client et des parties prenantes aux comportements et attentes des utilisateurs pour relever d'éventuels risques, contradictions ou opportunités ;
— créer un pont entre l'existant et la traduction des exigences (= les conditions à rassembler pour que les besoins des utilisateurs soient comblés) du nouveau système à bâtir ;
— en proposer une représentation visuelle pour que la vision du projet soit communiquée et partagée dans l'équipe ;
— pendre la mesure des implications que la modélisation met en lumière pour le projet, pour les traduire ensuite dans la conception.

Les méthodes,
livrables et techniques

Nous associons un ensemble délibérément élargi de méthodes et de livrables à la modélisation, dont les deux premiers relèvent de la conduite du projet et sont particulièrement structurants :
— note de cadrage ‹97› ;
— expression de besoins fonctionnels ;
— carte d'empathie ;
— diagramme d'affinités ;
— diagramme d'alignement ;
— workflow ;
— personae ;

— cartographie de l'expérience ;
— modèle mental ;
— analyse des tâches ;
— tri par cartes.

Les défis potentiels

Pour la modélisation, on se concentre sur les aspects des données qui facilitent les choix de conception, ce qui suppose de séparer le bon grain de l'ivraie. L'examen des données peut représenter un investissement de temps conséquent et doit être mené avec rigueur.

Un écueil possible de la phase de modélisation est qu'elle repose en totalité sur des livrables intermédiaires qui requièrent un effort de maîtrise conceptuelle des méthodologies de design, ce qui les rend difficiles à partager avec le commanditaire du projet, qui n'en saisit pas toujours l'importance.

Si cette étape n'est pas formalisée, il sera d'autant plus difficile de justifier les partis pris des solutions design avancées et la discussion risque de s'orienter sur les aspects subjectifs des propositions, le design visuel.

<96>
Kim Goodwin,
op. cit., p. 209.

<97>
Une note de cadrage
est le résultat
des échanges entre
le commanditaire
et le pilote du projet,
pour déterminer
et clarifier : le périmètre
du projet, sa démarche,
les responsabilités,
les livrables attendus,
le calendrier
et le budget final.
Ce document offre une
vision globale du projet
et permet d'en
fixer les contours.
Il peut être envisagé
comme la reformulation
du brief.

Carte d'empathie

Adopter le point de vue
de l'utilisateur

© Benoît Drouillat

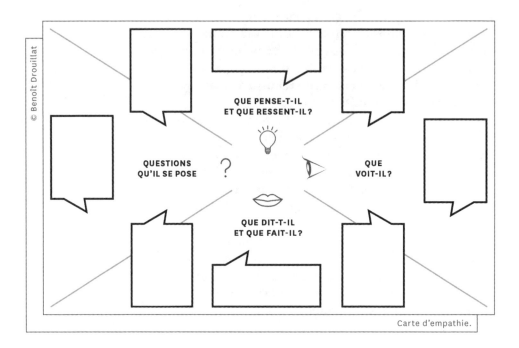

QUE PENSE-T-IL
ET QUE RESSENT-IL?

QUESTIONS
QU'IL SE POSE

?

QUE
VOIT-IL?

QUE DIT-T-IL
ET QUE FAIT-IL?

Carte d'empathie.

La carte d'empathie est un procédé qui expose sous la forme d'un poster les pensées, les émotions, les actions et les perceptions des utilisateurs. Elle recense les points positifs et négatifs de l'expérience qu'ils vivent avec le produit ou le service. Contrairement à une persona, une carte d'empathie ne s'appuie pas à proprement parler sur les données issues de la recherche utilisateur mais sur un exercice, mené avec les parties prenantes du projet, qui consiste à identifier des profils types et à les décrire spontanément en adoptant leur point de vue. Dans l'éventualité où l'absence de recherche utilisateur ne permet pas de formaliser des personae, la carte d'empathie permet d'ébaucher la compréhension de l'audience cible en mobilisant les connaissances des participants du projet.

Scott Matthews a développé l'*Empathy Map game*, une matrice dans laquelle les participants sont invités à décrire les différents aspects du profil par ce qu'il voit, ce qu'il dit, ce qu'il fait, ce qu'il ressent et ce qu'il entend. Nikki Knox, de l'agence Cooper, précise qu'il est important d'y ajouter des situations concrètes en relation avec l'univers du produit. En effet, l'objectif de la démarche n'est pas d'imaginer des caractéristiques ou des situations fictives, mais d'expérimenter et de se projeter dans les situations réellement vécues (ou vraisemblablement vécues) par les utilisateurs potentiels. La carte d'empathie est citée par Alex Osterwalder dans son ouvrage *Business Model Generation*, ce qui a contribué à la populariser.

Les 5 objectifs de la carte d'empathie

1 — Identifier et développer les profils succincts des utilisateurs potentiels du produit ou du service.
2 — Acquérir une compréhension des émotions et des perceptions des utilisateurs pour y adapter les solutions de design proposées.
3 — Être un livrable alternatif aux personae, lorsque le temps et le budget impartis ne sont pas suffisants pour recueillir des données directement auprès des utilisateurs.
4 — Proposer une activité, lors d'un atelier, qui facilite la prise en compte du point de vue des utilisateurs, en associant les parties prenantes du projet.
5 — Esquisser une démarche de conception centrée sur l'utilisateur.

Les 5 bénéfices de la carte d'empathie

1 — Une carte d'empathie est rapide à formaliser : 15 à 20 minutes.
2 — Elle permet de mettre en lumière les motivations derrière les choix et les comportements des utilisateurs.
3 — C'est un outil persuasif, de par sa dimension participative, qui facilite l'acceptation des méthodes de conception centrée sur l'utilisateur.
4 — La carte d'empathie prépare à la mise en œuvre de solutions de design inattendues car elle fait adopter d'autres points de vue.
5 — Le livrable est aisément appropriable par les participants et généralement bien compris par les interlocuteurs qui ont des profils marketing.

Les étapes
de réalisation d'une carte
d'empathie

Étape 1 — Identifier les profils types (par un nom et un métier) et présenter l'activité aux participants et constituer des équipes de 3-4 personnes.

Chaque équipe prend en charge un profil type et dispose d'un poster à compléter.

Étape 2 — Chaque équipe travaille pendant environ 20 minutes sur son profil, en énonçant les situations concrètes auxquelles il est confronté et en inscrivant dans chaque rubrique du poster les objectifs, émotions, les comportements, les points noirs de l'expérience et les pensées qui sont attribués aux utilisateurs. Des éléments de contexte peuvent venir compléter ces informations.

Voici une liste des questions qui peuvent être posées pour faciliter la formalisation :

— Que disent les utilisateurs ? Que font-ils ?

— Que voient-ils ? Quel est le contexte ?

— Que pensent-ils que le produit va leur apporter en l'utilisant ?

— Comment mesure-t-on le succès du produit ?

— Quels sont leurs objectifs ? Qu'est-ce qui les motive ? Quelles sont leurs aspirations ?

— Que ressentent-ils en utilisant le produit ?

— Comment expriment-ils leurs appréhensions et leurs attentes ?

— Qu'entendent-ils lorsque d'autres personnes (ou des médias) utilisent le produit ou le service ?

— Quels sont leurs points de frustration ? Quels obstacles rencontrent-ils ?

— À quoi ressemble une journée typique pour eux ?

Étape 3 — Restituer chaque carte d'empathie par une rapide présentation orale.

Formalisation
du livrable

Une carte d'empathie prend la forme d'un poster imprimé, selon le modèle proposé initialement par Scott Matthews. Les rubriques vierges sont complétées en inscrivant directement sur le support les annotations, ou sur des *post-it*. Les posters complétés peuvent être photographiés pour archivage ou repris au format numérique.

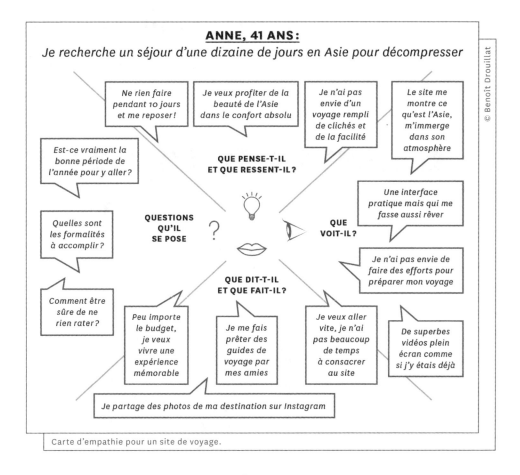

© Benoît Drouillat

Carte d'empathie pour un site de voyage.

Structure et anatomie du livrable

Le découpage d'une carte d'empathie est le suivant :
— un titre (nom, fonction) ;
— ce que pense et ressent l'utilisateur ;
— ce qu'il voit ;
— ce qu'il dit et fait ;
— ce qu'il entend / les questions qu'il se pose.

Ressources et outils sur la carte d'empathie

— Dave Gray a mis à disposition sur le blog de son ouvrage, *Gamestorming*, un modèle de carte d'empathie <http://gamestorming.com/core-games/empathy-mapping>
— Le site Creatlr propose de nombreux modèles de livrables visuels, dont la carte d'empathie, <https://www.creatlr.com>

Diagrammes d'alignement

© "designers interactifs"

VEILLE & ACTUALITÉS	PUBLICATIONS	EMPLOI	ESPACE MEMBRE	ÉVÉNEMENTS
1.	1.	1.	1.	1.
2.	2.	2.	2.	2.
3.	3.	3.	3.	3.
4.	4.	4.	4.	4.
5.	5.	5.	5.	5.

DESIGNERS INTERACTIFS
OFFRE DE SERVICES ET FONCTIONS PROPOSÉES

MEMBRES
BESOINS ET ATTENTES

1.	1.	1.	1.	1.
2.	2.	2.	2.	2.
3.	3.	3.	3.	3.
4.	4.	4.	4.	4.
5.	5.	5.	5.	5.

Diagramme d'alignement.

> **Identifier les opportunités situées à l'intersection de l'expérience utilisateur et de la proposition de valeur de l'entreprise**

Pour James Kalbach, les opportunités de création de valeur des produits et des services numériques sont situées à l'intersection des interactions humaines et du fournisseur, lorsque l'expérience des utilisateurs recoupe l'offre d'une organisation. Modéliser l'expérience utilisateur d'un produit ou d'un service numérique est souvent beaucoup plus qu'un enjeu de représentation ou de méthodologie dans un projet de design. C'est une démarche analytique qui permet de relier le design centré sur l'utilisateur et les objectifs *business* du client.

Les diagrammes d'alignement regroupent un ensemble de livrables comme les parcours utilisateurs, les cartographies de l'expérience, les modèles mentaux ou encore les *service blueprints* (littéralement, architecture de service). James Kalbach donne ainsi la définition suivante d'un diagramme d'alignement : « le terme diagramme d'alignement se réfère à toute cartographie, diagramme ou représentation visuelle qui met en évidence les deux aspects de la création de valeur dans un seul document. C'est une catégorie de diagramme qui illustre l'interaction entre les personnes et les organisations ‹98›». Un diagramme d'alignement confronte tous les aspects de l'expérience et du comportement de l'utilisateur dans un contexte donné ainsi que ce que l'organisation peut lui offrir et les processus qu'elle met en œuvre à cet égard.

Davantage qu'une nouvelle méthode, le diagramme d'alignement constitue une reconnaissance de techniques de modélisation existantes, écrivent Paul Kahn et James Kalbach dans un article intitulé « Locating Value with Alignment Diagrams » ‹99›.

De façon assez similaire, Bella Martin et Bruce Hanington présentent le modèle mental comme « un cadre d'analyse rigoureux qui aligne le comportement, les croyances et les émotions des personnes qui accomplissent une tâche (représentée dans la moitié supérieure du diagramme) en correspondance avec l'offre de fonctions, de produit et de service (la moitié inférieure du diagramme). L'objectif est d'aider les équipes à fixer des stratégies de développement de produit adéquates, alignées avec la façon dont les personnes envisagent les solutions dans leur vie quotidienne, par opposition à la création d'un produit qui ne résonnerait ni avec elles ni avec leurs schémas de comportements existants ‹100›».

Les 5 objectifs des diagrammes d'alignement

1 — Guider la compréhension des problématiques soulevées par la coordination du point de vue de l'utilisateur et celui de l'entreprise fournisseur, en les mettant visuellement en relation pour faire correspondre les activités décrites avec les fonctions et les ressources disponibles à travers le produit, l'interface ou le service.
2 — Optimiser la valeur que peut apporter le produit à l'utilisateur et faciliter ainsi l'accomplissement des objectifs *business*.

‹98›
James Kalbach,
Mapping experiences,
O'Reilly, 2015.

‹99›
James Kalbach,
Paul Kahn,
« Locating Value with
Alignment Diagrams »,
in *Parsons Journal for
Information Mapping*,
2011.

‹100›
Bella Martin,
Bruce Hanington,
*Universal
Methods of Design*,
Rockport Publishers,
2012, p. 116.

3 — Découper un processus complexe en différentes étapes ou sections et identifier les enjeux à chaque niveau de l'expérience.

4 — Mettre en évidence les moments critiques (décisions à prendre ou activités), les opportunités, les manques ou points noirs de l'expérience tout au long du processus.

5 — Révéler et évaluer la pertinence des interactions et des points de contact existants ou à créer (lieux, terminaux, logiciels, signalétique, objets, interfaces, supports imprimés, etc.).

**Les 5 défis et
5 bénéfices
des diagrammes
d'alignement**

1 — Se concentrer sur la recherche de la valeur ajoutée dans le produit, au service de l'utilisateur et de l'organisation, en identifiant et en explorant les zones d'amélioration possibles.

2 — Créer de la cohérence et faire émerger un consensus sur la façon dont le design peut intervenir dans le projet.

3 — Proposer un diagnostic clair et utile des processus business, qui ne sont pas toujours aisément observables, en appréhendant leur complexité sous une forme plus intelligible.

4 — Augmenter la capacité du management de l'organisation à se saisir des défis mis en évidence dans le diagramme, en proposant une vision globale du système.

5 — Encourager la créativité et une meilleure compréhension des besoins des utilisateurs.

**Les étapes
de réalisation
d'un diagramme
d'alignement**

Pour décrire les étapes de réalisation d'un diagramme d'alignement, nous nous appuyons sur la méthodologie proposée par Indi Young, dans l'ouvrage qu'elle consacre à la modélisation des comportements des utilisateurs en lien avec la stratégie de design, *Mental Models* ‹101›.

Étape 1 — On mène le travail de recherche utilisateur à travers des entretiens qualifiés, dans lesquels on recrute les participants en fonction des types de tâches et de comportements qu'ils sont susceptibles d'adopter lorsqu'ils font usage du produit ou du service. Après avoir identifié quels peuvent être ces tâches, les regroupements possibles en fonction des types de comportements et avoir nommé ces regroupements, on définit un questionnaire et on conduit les entretiens. L'objectif de ce travail de préparation est de fixer clairement les objectifs de recherche et d'identifier les profils adéquats. La segmentation des participants doit clairement se démarquer des segments de marché traditionnels car elle s'appuie sur les tâches et non sur les habitudes d'achat.

Étape 2 — On analyse les transcriptions des entretiens, en repérant dans chacun d'entre eux les notations qui s'apparentent à des tâches et on forme des regroupements. Par tâches on entend les actions, les pensées, les émotions voire les convictions que peut adopter une personne lorsqu'elle accomplit une démarche. Leur recensement peut comporter plusieurs dizaines voire centaines d'éléments. C'est pourquoi il convient de les organiser.

Étape 3 — On regroupe les tâches par affinités, sans projeter d'idée préconçue sur ce que sera la structure qui va émerger. En combinant les groupes de tâches également par affinité, on obtient des colonnes dans lesquelles s'enchâssent ces regroupements. L'exercice est assez similaire à un tri par cartes ouvert et on peut utiliser des feuilles de papier autoadhésives et amovibles ou un tableur pour travailler numériquement.

Étape 4 — On formalise le diagramme/modèle mental à partir de la structure dégagée dans l'étape 3. Le diagramme ne représente pas nécessairement les étapes chronologiques de l'usage du produit ou du service, mais plutôt une cartographie thématique.

On dispose les colonnes de tâches sur une grille, qui peut se lire selon différents parcours en fonction des personae appliqués. On peut enrichir le diagramme avec des couleurs pour représenter les segments d'utilisateurs, les régions géographiques, etc.

Le diagramme peut être réalisé avec un outil logiciel qui permettra éventuellement de l'actualiser, comme Omnigraffle ou InDesign. Si besoin, le modèle sera divisé en plusieurs diagrammes, en fonction de son niveau de complexité.

Enfin, le modèle est présenté et passé en revue, amendé si besoin, avec les parties prenantes du projet.

<101>
Indi Young,
Mental Models,
Rosenfeld Media, 2012.

Un diagramme d'alignement peut prendre plusieurs formes.
1 — Cartographie du parcours client.
Le parcours client décrit chronologiquement les inter-actions de l'utilisateur avec le fournisseur du service ou du produit. Le livrable se lit horizontalement et distribue en colonnes les différentes phases d'interaction. Les différents aspects de l'expérience (actions, émotions, points noirs, activités, forces, faiblesses, opportunités et menaces) sont répartis sur différentes lignes.

© Eden Spiekermann

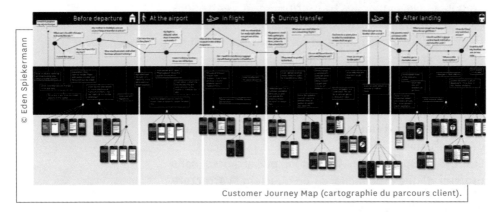

Customer Journey Map (cartographie du parcours client).

2 — Architecture de service (service blueprint).
Un *service blueprint* expose les processus d'une organisation et définit les actions entreprises par les clients lorsqu'ils prennent part au service. Y sont listés les fonctions aussi bien visibles qu'invisibles pour le client et l'ensemble des points de contact. Le *service blueprint* contient le parcours utilisateur et l'ensemble des interactions qui le rendent possible.

© Real Time Board

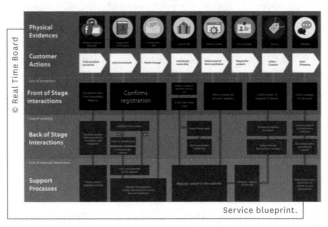

Service blueprint.

3 — Cartographie de l'expérience.
Nous détaillons ce livrable page 174.
4 — Modèle mental (pour cartographier les tâches)

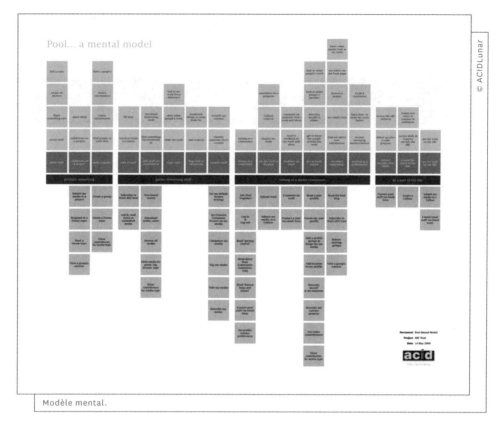

Modèle mental.

© ACIDLunar

5 — Diagramme isométrique (cartographier le contenu).
Nous détaillons ce livrable page 223.

⌐ **Structure et anatomie**
du livrable ⌐

La structure d'un diagramme d'alignement repose sur les deux composantes essentielles de la représentation choisie : le comportement de l'utilisateur et les processus de l'organisation. Ils sont parcourus par une ligne qui figure les interactions. Un diagramme d'alignement peut être chronologique (ligne de temps) ou thématique (matrice).

© "designers interactifs"

Cartographie de l'expérience

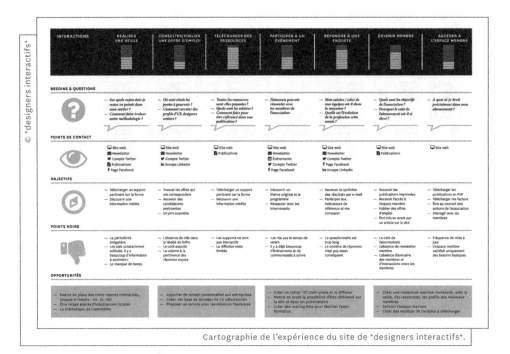

Cartographie de l'expérience du site de "designers interactifs".

Modéliser les interactions, canaux et points de contact

Une cartographie de l'expérience (*experience map*) est un diagramme qui met en relation l'ensemble des besoins, des attentes et des interactions d'un utilisateur face à une organisation, un produit ou un service. La cartographie de l'expérience est également désignée sous le nom de parcours utilisateur (*customer journey, user journey*), qui s'en distingue et consiste en un livrable plus narratif. Dans une démarche de design de services, cette approche est particulièrement utilisée car elle permet une formalisation accessible de la complexité d'une problématique donnée. En cela, elle rejoint la vocation du design d'information à «analyser, à structurer et à mettre en forme graphiquement des messages et des valeurs complexes pour en communiquer le sens avec clarté».

Pour Chris Risdon (*Adaptive Path*), les entreprises prennent de plus en plus la mesure des connexions multiples qui apparaissent dans les expériences mobilisant plusieurs canaux de communication. C'est pourquoi il est utile de disposer d'une vision d'ensemble, dans le temps et dans l'espace, de tous les points de contact d'un service et des interactions avec les utilisateurs afin de mieux les orchestrer. On distingue les points de contact des canaux de communication. Par point de contact, on entend toutes les façons ou les situations dans lesquelles un client engage une relation avec une entreprise ou une organisation, dans le but de satisfaire une attente ou un besoin. En d'autres termes, il s'agit d'une interaction dans un temps et un lieu spécifiques.

Un point de contact peut être un site Web ou d'une application mobile, une brochure ou une documentation, un centre d'appel, un vendeur.

Un canal est un moyen (un medium) par lequel l'utilisateur interagit avec l'entreprise, par exemple le téléphone, Internet, la presse, un distributeur automatique ou une boutique.

La cartographie de l'expérience est un modèle qui documente tous les aspects de l'expérience (interactions, canaux, points de contact) qu'une personne peut vivre avec un produit ou un service. Elle rend compte des aspects positifs de l'expérience comme de ses points négatifs. Il ne s'agit pas seulement d'illustrer le parcours de l'utilisateur (ce serait alors un parcours utilisateur ou *journey map*), ni d'une description détaillée du fonctionnement du système.

La cartographie de l'expérience peut être formalisée à plusieurs moments de la démarche du projet. Elle peut intervenir pour dresser le diagnostic d'un écosystème, à l'initiation d'un projet ou venir en appui pour communiquer la synthèse de la recherche utilisateur. Elle peut être utilisée également pour introduire des solutions de design, avant la création du scénario d'usage et l'étape de maquettage et de prototypage du projet.

Les 5 objectifs de la cartographie de l'expérience

1 — Partager la connaissance du comportement réel des utilisateurs, les interactions souvent complexes qu'ils développent avec l'entreprise, le produit ou le service, à travers l'ensemble des canaux et des points de contact.

2 — Fournir une représentation schématique, multidimensionnelle, globale et autonome de l'expérience vécue du point de vue de l'utilisateur.

3 — Cartographier, inventorier l'ensemble des points de contact et des canaux pour en optimiser l'orchestration.

4 — Repérer de nouvelles opportunités de services ou de fonctions pour répondre aux besoins des utilisateurs.

5 — Constituer une base de travail pour l'idéation de solutions de design nouvelles.

Les 5 bénéfices de la cartographie de l'expérience

1 — La cartographie s'inscrit dans la démarche de design centré sur l'utilisateur (besoins et attentes) : on adopte son point de vue et on s'approprie la problématique du client grâce au travail d'inventaire des points de contacts et des canaux, tout en s'obligeant à ne pas reproduire l'organisation interne de l'entreprise.

2 — La formalisation de la cartographie de l'expérience permet d'identifier des « moments de vérité » pour l'utilisateur, c'est-à-dire les situations critiques dans lesquelles il investit une énergie émotionnelle importante.

3 — La cartographie offre une vision globale et temporelle de l'expérience et elle fait apparaître des connexions logiques qui n'étaient pas précédemment explicitées.

4 — Les opportunités d'amélioration de l'expérience sont soulignées.

5 — La cartographie permet de rendre plus visible où se situe la création de valeur du point de vue de l'entreprise ou de l'organisation et où se situe celle du point de vue de l'utilisateur. On peut alors établir un rapprochement entre les deux.

Les étapes de réalisation de la cartographie de l'expérience

Étape 1 — On définit le périmètre de l'expérience que l'on souhaite cartographier. Exemple : un voyage aérien. Se concentre-t-on sur l'embarquement, sur le vol ou sur la globalité du voyage ?

Étape 2 — On dresse l'inventaire de tous les points de contact (site Web, applications mobiles, centre d'appel, e-mail, newsletter, pages Facebook, fil Twitter...) et on peut effectuer des regroupements logiques.

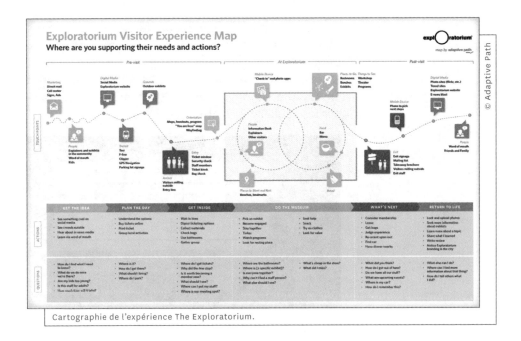

© Adaptive Path

Cartographie de l'expérience The Exploratorium.

Étape 3 — On rassemble toutes les informations disponibles sur les utilisateurs (recherches, études, statistiques, activités, mais surtout le point de vue de l'utilisateur et les observations en contexte).

Étape 4 — On structure les grandes étapes du parcours client et des activités de l'utilisateur (recherche, achat, service après-vente, etc.).

Étape 5 — On met en forme la cartographie en faisant apparaître la hiérarchie et les articulations logiques. Le scénario de travail idéal consiste à associer le client à l'élaboration de la cartographie de l'expérience, par exemple lors d'un atelier où les parties prenantes du projet réfléchissent ensemble à son contenu et où l'équipe design formalise les échanges sur un tableau qui sera retravaillé pour obtenir le livrable final. Cette démarche a l'avantage d'établir le consensus sur les tenants et aboutissants du projet et d'accélérer l'adhésion.

Structure et anatomie du livrable

L'anatomie d'une cartographie de l'expérience dépend beaucoup du contexte et des objectifs du projet. Généralement, il s'agit de rendre visible comment les multiples points de contact s'orchestrent à travers le temps. La cartographie de l'expérience peut revêtir différentes formes :

— une ligne de temps horizontale ou verticale, dans laquelle on privilégie le déroulement narratif de l'expérience présentée ;

— un diagramme plus ou moins détaillé, qui peut adopter une forme circulaire, pour insister davantage sur les séquences d'interaction.

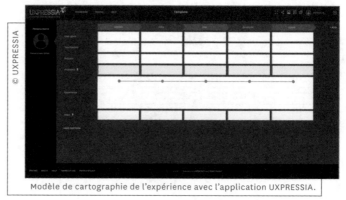

© UXPRESSIA

Modèle de cartographie de l'expérience avec l'application UXPRESSIA.

La carte détaille :

— les motivations, besoin et objectifs de l'utilisateur ;

— les différentes étapes de l'expérience / du parcours du client (Exemple : prise de conscience, recherche exploratoire, comparaison, décision, achat...) ;

— les activités de l'utilisateur, la fréquence et la durée d'interaction avec chaque point de contact ;

— les actions du système ;

— le profil des utilisateurs, qui peut être présenté sous la forme d'un résumé de persona ;

— le niveau de satisfaction des utilisateurs, ce qu'ils pensent et ce qu'ils ressentent (à partir des données quantitatives et qualitatives) ;

— les « moments de vérité » : certaines interactions ont davantage d'impact que d'autres, elles peuvent déterminer ce qui fait une bonne ou une mauvaise expérience ;

— les points noirs de l'expérience ;

— les opportunités pour innover pendant l'expérience.

Chris Risdon ‹102› structure la cartographie de l'expérience en 5 dimensions :

1 — Le point de vue (*lens*). C'est le filtre par lequel on envisage le parcours. Il peut s'appuyer sur les besoins et les attentes d'un persona (on peut envisager plusieurs cartographies, une par persona). Il faut s'interroger sur la correspondance entre les besoins du persona et l'expérience proposée par les points de contact.

2 — Le modèle du parcours (*journey model*). Le modèle du parcours peut être représenté de différentes façons. Il doit souligner les dimensions les plus importantes (le passage d'une étape à une autre ou le passage entre différents canaux). Il ne se contente pas de montrer une à une les étapes du parcours, mais comment les personnes utilisent les canaux, quels éléments de l'expérience présentent potentiellement des difficultés.

3 — Les insights qualitatifs (*qualitative insights*). Il s'agit de comprendre la façon dont les utilisateurs perçoivent l'expérience : frustration, satisfaction, tristesse, confusion... et la valeur qu'ils confèrent aux points de contact.

4 — Les informations quantitatives (*qualitative information*). Elles exploitent les résultats majeurs d'une étude ou les statistiques du site Web, par exemple : « seulement 10 % des utilisateurs utilisent ce point de contact ».

5 — Les informations à retenir (*takeaways*). Il s'agit d'identifier les opportunités, les points noirs et les actions à entreprendre. Elles anticipent la direction dans laquelle le design va ensuite se diriger.

D'autres cartographies de l'expérience insistent davantage sur les usages et les fonctions (*concept model*), on met alors en évidence les « nodes » qui sont des « nœuds sémantiques » où se manifestent les interactions.

Formalisation du livrable

La cartographie de l'expérience peut être restituée dans un document dont le niveau de détail est ajustable en fonction de l'usage que l'on souhaite en faire. Elle peut reposer sur un seul parcours type ou restituer les possibilités multiples de scénarios. Dans ce cas, la complexité nécessite une mise en scène graphique spécifique. La structuration fait clairement ressortir plusieurs niveaux de lecture.

On mobilise des éléments graphiques pour faire émerger le sens : des flèches pour connecter les étapes du parcours et les points de contact, des icônes pour représenter les interactions, des bulles de texte ou des légendes pour illustrer le point de vue de l'utilisateur, etc.

<102>
« The anatomy of an experience map », consulté le 11 avril 2015.
<http://www. adaptivepath.com/ideas/ the-anatomy-of-an-experience-map>

Le document final prend la forme :
— d'un PDF ou d'un JPG au format écran (1280*1024 px ou plus grand), destiné à être projeté ;
— d'un poster au format A3 ou A2, destiné à être affiché dans un bureau ou dans la salle de présentation du projet.

Les fichiers comportent toujours les éléments d'identification suivants :
— le nom du projet,
— des légendes,
— la date,
— le logo de l'agence et du client,
— le nom de la personne responsable du livrable.

Ressources et outils sur la cartographie de l'expérience

Des outils permettant
de formaliser dans un canevas
un parcours utilisateur

— UXPressia, <https://uxpressia.com>
— Smaply, <https://www.smaply.com>
— Touchpoint Dashboard, <http://touchpointdashboard.com>

Articles

— L'agence américaine Adaptive Path a formalisé un guide sur la cartographie de l'expérience, téléchargeable sur un site dédié : <http://mappingexperiences.com>
— Joel Flom, « The Value of Customer Journey Maps : A UX Designer's Personal Journey », *UX Matters*, consulté le 12 avril 2015, <http://www.uxmatters.com/mt/archives/2011/09/the-value-of-customer-journey-maps-a-ux-designers-personal-journey.php>
— Adam Richardson, « Using Customer Journey Maps to Improve Customer Experience », *Havard Business Review*, consulté le 12 avril 2015, <https://hbr.org/2010/11/using-customer-journey-maps-to>
— Un article recensant les outils et les fournitures nécessaires pour établir une cartographie de l'expérience, « CX Journey Mapping Toolkit », consulté le 18 juillet 2015, <http://designingcx.com/cx-journey-mapping-toolkit>

Persona

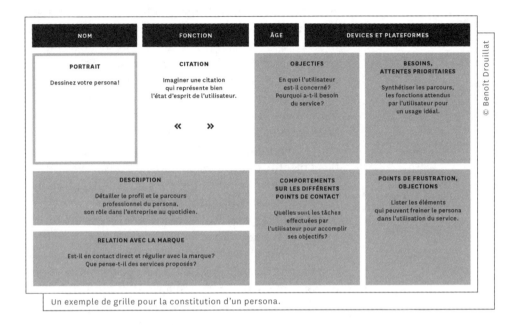

NOM	FONCTION	ÂGE	DEVICES ET PLATEFORMES

PORTRAIT

Dessinez votre persona!

CITATION

Imaginer une citation qui représente bien l'état d'esprit de l'utilisateur.

« »

OBJECTIFS

En quoi l'utilisateur est-il concerné? Pourquoi a-t-il besoin du service?

BESOINS, ATTENTES PRIORITAIRES

Synthétiser les parcours, les fonctions attendus par l'utilisateur pour un usage idéal.

DESCRIPTION

Détailler le profil et le parcours professionnel du persona, son rôle dans l'entreprise au quotidien.

RELATION AVEC LA MARQUE

Est-il en contact direct et régulier avec la marque? Que pense-t-il des services proposés?

COMPORTEMENTS SUR LES DIFFÉRENTS POINTS DE CONTACT

Quelles sont les tâches effectuées par l'utilisateur pour accomplir ses objectifs?

POINTS DE FRUSTRATION, OBJECTIONS

Lister les éléments qui peuvent freiner le persona dans l'utilisation du service.

© Benoît Drouillat

Un exemple de grille pour la constitution d'un persona.

Modéliser les caractéristiques, objectifs et comportements des utilisateurs potentiels

Les données recueillies lors des observations et des interviews peuvent constituer un volume d'information très conséquent et difficile à exploiter dans leur état brut pour conduire le processus d'idéation et d'exploration des solutions de design. C'est pourquoi la démarche s'appuie sur la modélisation de ces données, qui consiste à consolider l'information et à représenter de façon concrète les caractéristiques et les comportements typiques ou remarquables des utilisateurs. De tels modèles sont nommés personae. Un persona consiste à construire une représentation partagée de l'utilisateur, dérivée directement des données issues de la recherche : motivations, objectifs et attentes des utilisateurs, comportements dans le contexte envisagé, tâches, informations démographiques. Il ne comporte pas d'éléments fictionnels, mais plutôt une généralisation et une abstraction des observations menées lors d'entretiens et de visites sur le terrain.

Un persona ne représente pas un utilisateur spécifique, mais un assemblage des comportements et des motivations convergents de plusieurs utilisateurs observés. Les personae ne font pas directement référence à des personnes réelles, elles constituent des hypothèses pour représenter des archétypes d'utilisateurs réels. C'est-à-dire que les personae n'ont pas pour vocation d'être statistiquement représentatifs. La plupart des entreprises mettent en vente des produits et des services pour lesquels des segments de marché et des cibles ont été soigneusement identifiés. Mais cette segmentation ne peut en aucun cas remplacer la compréhension fine apportée par les personae des objectifs et des comportements des utilisateurs.

Généralement, les personae mettent en évidence que les utilisateurs ne correspondent pas forcément à ceux qui étaient envisagés et qu'ils peuvent être regroupés en différents types.

Pour Kim Goodwin, « un persona est un archétype d'utilisateur qui peut être utilisé pour guider les décisions de conception des fonctionnalités d'un produit, la navigation, les interactions et même le design graphique ».

Les personae sont considérés comme l'une des méthodes les plus probantes pour servir la démarche de conception centrée sur l'utilisateur car ils facilitent l'empathie et la compréhension des objectifs de l'utilisateur, en s'appuyant sur son point de vue. Les profils d'utilisateurs sont utilisés dans la conception de logiciels et dans le design de produits depuis les années 1980, mais c'est Alan Cooper qui est à l'origine du modèle des personae, formalisé dans un ouvrage paru en 1998, *The Inmates are Running the Asylum*.

Les 5 objectifs des personae

1 — Fournir un modèle de la façon dont les utilisateurs se comportent, pensent et de ce qu'ils attendent, pour guider le travail de conception et prioriser les fonctionnalités à développer.

2 — Communiquer les résultats des recherches avec l'équipe projet et le client dans un livrable synthétique qui adopte la perspective de l'utilisateur et sert le processus d'idéation. Les discussions s'appuient sur un langage commun qui facilite la prise de décision.

3 — Prendre comme références des données factuelles

sur les utilisateurs et non des hypothèses pour décrire des caractéristiques et des besoins avérés.

4 — Fournir un outil pour communiquer sur les différents types d'utilisateurs, leurs besoins, leurs objectifs dans un contexte spécifique, tout en dégageant un consensus sur les solutions de design à envisager.

5 — Mesurer l'efficacité des choix de design, qui peuvent être testés et itérés à partir des personae avant d'être testés sur des utilisateurs réels.

Les 5 bénéfices des personae

1 — Les personae permettent d'inspirer ce que doit faire un produit et comment il peut se comporter.

2 — Ils fournissent un langage aisément partageable pour créer une compréhension commune dans l'équipe et réduisent le nombre de documents de travail à produire.

3 — Ils permettent de mesurer qualitativement l'efficacité des choix de design : on peut aisément tester des hypothèses sur un persona, en attendant de tester ces solutions sur des utilisateurs réels.

4 — Ils favorisent l'empathie envers l'utilisateur, l'adoption de son point de vue et évitent d'échafauder des hypothèses non vérifiées.

5 — Ils peuvent même être utilisés par le marketing pour inspirer des campagnes.

Les étapes de réalisation des personae

Dans l'ouvrage *The Persona Lifecycle*, John Pruitt et Tamara Adlin proposent un processus en six étapes : la définition des catégories d'utilisateurs, l'analyse des données, la création d'un proto-persona, l'évaluation et la priorisation des pro-personae, la formalisation et la validation du modèle final.

Étape 1 — Classer les utilisateurs par rôle et par objectifs
Avant même de considérer les données de la recherche, on identifie des catégories d'utilisateurs hypothétiques, pour mieux anticiper les directions dans lesquelles il faudra chercher pour enrichir les personae.

Pour créer une segmentation, on s'appuie sur les éléments de la recherche utilisateur : observations, interviews, questionnaires, mesure d'audience, feedback des utilisateurs...

On définit ce que les utilisateurs ont en commun, les problèmes qu'ils rencontrent fréquemment et les aspirations qu'ils partagent. On repère également en quoi les utilisateurs diffèrent, que ce soit en termes de besoins et d'objectifs, de fréquence d'usage du produit ou du service, ou de tout autre critère pertinent.

Cette segmentation, qui peut au départ reposer sur l'intuition, doit aussi prendre en compte les catégories d'utilisateurs prioritaires pour le client.

Étape 2 — Analyser les données

On extrait les données pertinentes et on dresse un inventaire des comportements types, des données démographiques, etc. et on détermine quels utilisateurs se rapprochent davantage. De ces constats, on peut déterminer des motifs récurrents de comportements et déduire un premier squelette de persona : Quels sont les différents comportements des utilisateurs ? Quelles sont les motivations des utilisateurs ? Quelle est la fréquence d'utilisation du produit ou du service ? La durée d'utilisation (dans le cadre d'une refonte) ? Quelles sont les tâches qu'ils effectuent ? Quelles sont les caractéristiques démographiques à restituer dans le contexte ? Quel est leur état émotionnel lorsqu'ils utilisent le produit ou le service ? Quels sont leurs points de frustration ? L'analyse des données doit confirmer ou infirmer les catégories d'utilisateurs définies à l'étape 1. La démarche peut aussi s'appuyer sur la réalisation d'un diagramme d'affinités.

Étape 3 — Créer des proto-personae

Une première structure élémentaire de fiche persona émerge à partir des enseignements clés de l'analyse des données et permet de cerner les principaux attributs factuels, sous la forme d'une liste à puces, regroupés dans des catégories thématiques. On peut créer autant de proto-personae que de sous-catégories d'utilisateurs identifiées.

Étape 4 — Évaluer et prioriser

Les proto-personae sont soumis aux parties prenantes du projet, lors d'une réunion ou d'un atelier, pour en définir un classement selon l'importance et la priorité. L'objectif de la démarche est d'identifier lesquels seront développés en personae et lesquels seront éventuellement éliminés, en fonction de l'importance stratégique qu'ils revêtent. Alan Cooper et Robert Reimann conseillent de définir un persona principal (qui représente le cœur de cible) et des personae secondaires (plus périphériques).

Étape 5 — Développer les personae

Les différentes composantes de chaque persona sont enrichies et détaillées (comportements, frustration, contexte d'usage, compétences, émotions, attitudes, aspirations, interactions avec d'autres personnes, données démographiques...). On veille également à les individualiser en leur offrant une personnalité, avec des éléments narratifs et une photo. Le niveau d'enrichissement apporté peut être défini en fonction du temps et du budget disponibles. Selon le niveau de priorité des personae, on peut aussi décider de ne pas enrichir autant les modèles secondaires. On effectue les choix formels pour communiquer les personae : le type de présentation, la mise en page, l'iconographie, les diagrammes qui viennent éventuellement enrichir le modèle.

Étape 6 — Valider

À l'issue de la formalisation, on vérifie que les personae correspondent toujours à la réalité des données collectées.

Formalisation du livrable

DAMIEN, RESPONSABLE D'UN STUDIO DE CRÉATION

membre depuis 1 an

 MANAGER   PARIS   35 ANS

« Les publications m'ont incité à devenir membre, mais j'avais oublié ce à quoi donne droit l'abonnement à l'association. »

Damien a fait ses études en communication visuelle dans une école d'Arts Appliqués et s'est tourné vers le web à l'occasion de son stage de fin d'études. Il a ensuite travaillé au sein de différentes agences pour des projets web le domaine culturel, du luxe et plus récemment du mobile. Il est responsable d'un studio d'une dizaine de personnes, avec une part managériale importante. Il suit les équipes et le besoin des ressources, formalise les méthodes de travail, rédige des recommandations pour les avant-ventes.

Objectifs
— Effectuer des recrutement à court/moyen terme
— Faire connaître l'agence davantage
— Mettre en place une veille structurée et un partage des bonnes pratiques

Besoins/attentes
— Suivre l'évolution des métiers
— Avoir des repères sur les salaires
— Rendre efficient le process de recrutement
— Suivre les communautés les plus influentes, réseauter

Comportement sur le site
— Je ne vais jamais sur le site, sauf quand je reçois la newsletter
— Je ne suis allé que 2 fois dans l'espace membre
— Je lis les guides et les cahiers de veille m'intéressent beaucoup

Points de frustration
— L'information n'est pas datée
— La navigation manque de lisibilité
— Le site mériterait un coup de jeune
— Le prix de l'adhésion (entreprise)

© °designers interactifs°

Un exemple de persona constitué à partir d'entretiens.

Les personae peuvent s'incarner sous différentes formes : posters, cartes à jouer, personae grandeur nature en carton. Le plus souvent, on formalise les personae dans un document de présentation. Pour faciliter la comparaison entre les personae, il peut être utile de créer des tableaux ou des résumés qui soulignent leurs traits saillants. Ces représentations sont généralement statiques et ont peu vocation à évoluer durant le projet. Ils peuvent toutefois être mis en scène et incarnés dans les scénarios d'usage pour mieux « vivre » dans l'esprit des parties prenantes du projet, ce qui permet d'extrapoler des situations. Cette dimension narrative des personae permet de les envisager comme beaucoup plus qu'un assemblage de faits et d'observations.

Structure et anatomie du livrable

En pratique, chacun des personae possède une fiche d'identité complète (nom, sexe, situation familiale, niveau social, traits de caractère, etc.) et un profil d'utilisateur spécifique (sites les plus utilisés, environnement technologiques, pratiques, activités et comportements, etc.). La fiche de persona est construite sur l'agrégation d'éléments quantitatifs (statistiques démographiques, enquêtes et études marketing, analyse d'audience, etc.) et qualitatifs (entretiens, observations de terrain, etc.).

Selon les objectifs et les priorités du projet, l'architecture du livrable peut être ajustée pour hiérarchiser ces éléments.

La structure type proposée par John Pruitt et Tamara Adlin, citant Mike Kuniavsky, est la suivante (à ajuster en fonction du projet, pour ne conserver que les informations pertinentes) :

— Identité : Nom, courte présentation, âge, sexe, titre d'identification, courte citation en relation avec le contexte d'usage, photographie.

— Rôle(s) et tâches : Société ou secteur d'activité, fonction, responsabilités, activités typiques, point noirs de l'expérience ou challenges, interactions avec d'autres personnes, interfaces ou produits.

— Objectifs (à court terme et à long terme) : Motivations, objectifs liés au travail, objectifs liés au produit, aspirations plus générales (dans la vie), souhaits formulés ou non pour le produit.

— Segmentation : taille du marché représenté et influence, aspects culturels, accessibilité.

— Données démographiques : Revenus et pouvoir d'achat, situation géographique, niveau d'études, statut marital.

— Compétences et connaissances : usage de l'informatique et d'Internet, produits utilisés fréquemment, connaissance du produit, nombre d'années d'expérience, domaines d'expertise, expertises particulières, formation, connaissance des concurrents.

— Contexte : Équipement informatique (terminaux, navigateur, connexion), description d'une journée type, façon de travailler, activités de loisir, relations avec les autres personae.

— Détails personnels et psychologiques : Personnalité, valeurs, positions (opinions politiques et religieuses), peurs, objets personnels (véhicule, gadgets).

© Xtensio

Exemple de modèle de persona, application en ligne Xtensio.

Ressources et outils pour créer des personae

— Keynotopia, modèles de personae au format Keynote, <http://keynotopia.com/free-user-experience-templates>
— Pew Research Center, organisation à but non lucratif publiant des études gratuites, <http://www.pewinternet.org>
— Smaply, application en ligne qui permet de créer rapidement des personae, <https://www.smaply.com>
— Xtensio, application en ligne qui propose un « user persona creator », <http://xtensio.com>

L'idéation
et l'exploration
de solutions

188
+
189

Définition et périmètre

La phase d'idéation <103> et d'exploration d'un projet de design interactif consiste à générer de façon collaborative un grand nombre d'idées pour répondre à la problématique posée et à les itérer sur un rythme très rapide, en temps limité. L'objectif est quantitatif et non qualitatif: il s'agit d'obtenir le plus grand nombre possible de points de vue pour aborder les différents aspects de la question examinée <104>. On procède au départ par accumulation, sans se soucier du caractère original, extrême ou de la faisabilité des idées. Plusieurs sessions sont généralement nécessaires, pour faire éclore des idées qui seront dans un second temps filtrées, en vérifiant leur adéquation à des critères de sélection élaborés en fonction des contraintes et des attentes. Cette phase de confrontation aux contraintes du projet ne doit pas intervenir trop tôt dans le processus, sous peine de limiter la créativité. Toutefois, on veillera à consulter les livrables issus de la recherche utilisateur. Potentiellement, tous les intervenants du projet sont concernés et peuvent contribuer à cette phase d'exploration pilotée par un designer dans tous les cas: UX designers, designers d'interface, designers d'interaction, consultants, chefs de projet, développeurs...

Pour décaler le point de vue et fertiliser l'imagination, Cooper, Reimann, Cronin et Noessel proposent d'imaginer que le produit est doté de pouvoirs magiques qui rendent l'interaction aussi simple que possible <105>.

Les procédés employés sont généralement informels et la qualité du rendu importe peu, mais on s'efforce d'adopter une représentation visuelle analogique – et non numérique –, à travers des crayonnés et des maquettes.

De nombreuses techniques de créativité sont identifiées et largement documentées aujourd'hui <106>. Mais mener une séance de créativité n'est qu'un aspect de l'idéation, qui est un processus aux possibilités multiples.

<103>
Idéation est un anglicisme, mot-valise composé de *idea* et de *generation*. Il signifie littéralement: génération d'idées.

<104>
Dan Saffer, *Designing for Interaction: Creating Innovative Applications and Devices*, 2ᵉ édition, New Riders, 2009, p. 114.

<105>
Cooper, Reimann, Cronin, Noessel, *op. cit.*, p. 115.

<104>
Voir Médéric Gillet, Thibault de Maillard, *Animer une séance de créativité: Comment animer une réunion créative*, Dunod, 2012.

L'idéation peut être, en complément voire en concurrence avec la recherche utilisateur, un puissant vecteur d'inspiration du projet. Mike Kuniavsky écrit à ce sujet qu'un design fondé uniquement sur les observations de la recherche utilisateur «porte avec lui le postulat que le futur ressemblera beaucoup au passé, ce qui n'est que partiellement vrai <107> ». Il signifie par-là que le design ne consiste pas seulement à identifier des besoins insatisfaits, mais aussi à être une force de proposition pour la conception des produits et des services, voire porteur et inspirateur de nouveaux besoins.

Les objectifs de la phase d'idéation et d'exploration sont les suivants :
— Faire émerger un nombre important de solutions à travers des techniques rapides de génération d'idées visuelles et/ou tangibles.
— Évaluer, combiner et affiner les idées les plus prometteuses.
— Disposer de plusieurs hypothèses de travail avant de faire converger le projet vers la solution retenue, pour ménager une ouverture vers des solutions alternatives.
— Formaliser les idées sur des supports qui contribuent à ouvrir les possibles sans pour autant diverger du sujet.

Les méthodes,
livrables et techniques

L'idéation et l'exploration de solutions consistent à mettre en œuvre différentes techniques de créativité. Voici une sélection de celles qui nous apparaissent les plus judicieuses :
— ateliers de brainstorming, pouvant se matérialiser dans un cahier d'idées ;
— carte heuristique (*mind map*) ;
— *six-to-one* ;
— design studio ;
— crayonnés et maquettes de principe ;
— *mood boards* ;
— *bodystorming* <108>.

Les défis potentiels

La phase d'itération et d'exploration n'est pas toujours reflétée dans les échanges avec le client, qui n'est pas conscient que plusieurs dizaines de solutions ont été envisagées et testées, puisqu'elles sont rapidement éliminées.

C'est aussi ce qui pousse parfois le client à demander plusieurs pistes de design pour l'interface ou le produit. Cela peut être particulièrement chronophage et peu utile s'il s'agit seulement de faire varier l'apparence visuelle. De plus en plus, on tend à associer le client et les parties prenantes du projet à la conception, au travers d'activités de recherche utilisateurs et de génération d'idées, ce qui prépare l'adhésion aux solutions proposées.

‹107›
Mike Kuniavsky,
*Smart Things: Ubiquitous
Computing User
Experience Design*,
Morgan Kauffman, 2010,
pp. 211-212.

‹108›
Méthode de créativité
qui consiste à immerger
les participants
dans la situation d'usage
imaginée autour
du produit ou du service
et à leur faire tester
des solutions à travers
des jeux de rôle où
l'interaction est simulée.

Design
studio

© iStock

Atelier collaboratif.

**Générer, illustrer
et partager des idées
de solutions potentielles,
en dresser la critique
et les affiner**

L'atelier est une technique plébiscitée en design car il permet de faire travailler ensemble les équipes projet et les parties prenantes pluridisciplinaires, le temps de quelques heures.

Le design studio est l'une de ces techniques et consiste en une méthode d'animation facilitant la collaboration et la co-conception, autour d'une problématique de design à résoudre. Elle s'inscrit dans la lignée du brainstorming, formalisé par Alex Osborn, et reprend les principes des méthodes agiles. On y mobilise des participants – les parties prenantes du projet –, issus d'horizons différents (marketing, communication, designers, développeurs...). La méthode s'appuie en partie sur la pensée visuelle et les crayonnés pour la génération d'idée en groupes. La collaboration est menée sur un rythme soutenu. Une fois les idées formulées, la critique des solutions permet d'enrichir et de renforcer la pertinence du design.

Brian K. Sullivan <109> en donne la définition suivante : «1 — Les participants génèrent des solutions en dessinant leurs concepts.
2 — Le groupe se rassemble pour partager et critiquer les dessins des autres.

3 — En s'appuyant sur les retours du groupe, les concepts sont travaillés plus avant. »

Par cette activité, l'ensemble des participants se forge une vision d'ensemble du projet et les solutions proposées font l'objet d'une adhésion beaucoup plus rapide que si les équipes projet avaient travaillé chacune de leur côté. Le design studio ne doit toutefois pas verser dans les travers du design en comité. Nul n'est besoin de savoir dessiner pour participer à un design studio.

Les 5 objectifs d'un design studio

1 — Générer de multiples idées dans un temps limité.
2 — Concrétiser les idées par des crayonnés, afin d'en faciliter la communication dans le groupe.
3 — Créer une vision partagée du projet, notamment lorsqu'il n'existe pas de consensus autour du produit ou du service à développer.
4 — Permettre à toutes les parties prenantes d'exprimer des critiques, dans un cadre structuré et constructif.
5 — Faire émerger les postulats non exprimés pour les partager et les discuter.

Les 5 bénéfices du design studio

1 — Il mobilise peu de temps : 4 heures suffisent.
2 — Il renforce la cohésion de l'équipe. Les participants élaborent ensemble, en groupe, les solutions. Lorsque des antagonismes existent, l'implication collective est bénéfique et constructive.
3 — Le design studio permet de partager la connaissance du projet et de multiplier les points de vue (design, marketing, métier, technique, management…), notamment lorsque l'étape du brief ou de l'expression des besoins n'a pas été très approfondie.
4 — Les complexités propres à la problématique du projet sont mises en évidence et les participants formalisent une représentation visuelle plus facile à appréhender.
5 — Des partis pris émergent et fixent aussitôt l'orientation globale du projet, ce qui permet d'itérer et de raffiner les solutions sur la base d'une compréhension partagée du problème.

‹109›
Brian K. Sullivan,
The Design Studio Method,
Focal Press, 2015.

⌐ Le déroulement
d'un design studio ⌐

Will Evans décrit ‹110› le processus d'un design studio comme «instruire, crayonner, présenter, critiquer
et itérer». Plusieurs cycles de cet enchaînement sont
menés, individuellement d'abord et en équipe dans un
second temps, pour consolider les solutions à l'issue
du design studio.

Partage des
connaissances et composition
des équipes

Lors de cette phase liminaire, les éléments de contexte
du projet sont partagés entre les participants. La problématique à résoudre est exposée et reformulée. Les
livrables de la phase de découverte du projet peuvent
typiquement être mobilisés : objectifs, analyse compétitive, enquêtes et études (*desk research*), etc. Si dans le
cadre de la recherche utilisateur des entretiens ou des
observations ont été menés, ils sont également commu-
niqués. La restitution du partage des connaissances doit
s'effectuer à l'aide de documents concis et lisibles. La
composition des équipes s'appuie sur un assemblage de
profils complémentaires (design, marketing, technique,
métier, management), généralement de 3 à 5 membres.

Croquis, présentation et critique

Les participants couchent sur le papier autant d'idées
que possible dans un temps limité, généralement 5 à
10 minutes. Chaque phase de génération d'idées est
suivie par un court temps de présentation où chacun
argumente tour à tour ses propositions. À l'issue de la
présentation, la critique du groupe prend place, selon
des règles précises. Son objectif est de fournir des
retours positifs et constructifs. Chaque participant
dépose un post-it sur lequel il inscrit une demande
de précision, une question ou un commentaire.

Itération

194

—+—

195

Trois cycles itératifs se succèdent pendant lesquels les
idées sont retravaillées, recombinées, transformées.
L'objectif est d'améliorer et d'enrichir les idées.

Vote pour
les meilleures idées

Seuls ceux qui ont produit des croquis sont invités à voter pour les meilleures idées. L'animateur précise les modalités du vote, qui peut consister à répartir un nombre de points sur l'ensemble des idées. Les idées ayant recueilli le plus grand nombre de points sont retenues pour la prochaine étape.

Mashup

Plusieurs idées convergentes sont combinées ensemble, avec un niveau de détail plus important. Les participants travaillent cette fois en groupe. La version finale du croquis est réalisée sur un paperboard par un participant du groupe.

Synthèse

L'animateur conclut la séance en effectuant une synthèse des travaux et en indiquant les prochaines étapes. Les sponsors du projet sont invités à prendre part à cette conclusion.

La restitution
d'un design studio

Par principe, les croquis sont tous photographiés au cours de la séance et archivés. À l'issue du design studio, les participants souhaiteront disposer d'un support de restitution qui consignera les productions et les décisions prises pendant la session. Une version haute définition de la solution retenue sera formalisée par l'équipe design et jointe à la restitution, sous la forme d'une interface filaire, d'un dessin plus abouti voire d'un prototype.

Le matériel à rassembler pour un design studio :
— une synthèse de la recherche utilisateur ;
— plusieurs paperboards ;
(un par groupe de participants)
— des feutres de différentes couleurs ;
— des post-it ;
— un appareil photo.

‹110›
Will Evans,
« Introduction to Design Studio Methodology »,
User Interface Engineering, consulté le 8 novembre 2015.
‹https://www.uie.com/articles/design_studio_methodology/›

Crayonnés, cahier d'idées et maquettes de principe

**Explorer les idées clés
du projet par le dessin et
la réalisation en 3 dimensions
d'un objet ou d'un système**

Les crayonnés (ou croquis) sont au design produit et au design d'interfaces ce que les interfaces filaires sont au design de l'expérience utilisateur : la traduction et la matérialisation structurelle de la phase de recherche, avant même l'étape de prototypage. Le crayonné consiste à représenter sur le papier la première étape visuelle de la formalisation des solutions de design.

© Marine Rouit et Galilée Al Rifaï – Meaningful

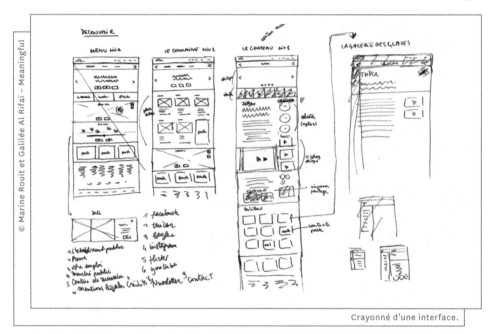

Crayonné d'une interface.

Cette étape peut s'effectuer avec la connaissance acquise lors de la modélisation de l'expérience utilisateur, en collaborant avec l'UX designer et l'équipe technique. Les interfaces filaires peuvent être éventuellement utilisées comme un guide, si elles ont été formalisées, ou inversement, les crayonnés peuvent tenir lieu de premières pistes de réflexion. Pour les designers, le crayonné est une technique pour explorer les idées clés du projet par le dessin, ce que les anglo-saxons désignent par *visual thinking*. C'est l'instanciation d'un concept. Dans un premier temps, il ne s'agit pas encore de simuler le comportement du produit ou de l'interface, mais de définir son facteur de forme : s'agira-t-il d'un objet connecté, d'une application mobile, d'un site Web *responsive* ou d'un espace interactif ? Le facteur de forme dépendra en grande partie du contexte d'usage, des personae et des types d'interactions souhaités.

D'après Bill Buxton ‹111›, les crayonnés sont l'essence même de l'activité du design et comprennent un ensemble d'attributs comme la rapidité de réalisation, la disponibilité immédiate, le faible coût, le caractère jetable, la profusion (un crayonné fait souvent partie d'une série), le vocabulaire visuel employé, la souplesse et le caractère minimal du dessin en termes de détails, le niveau de précision approprié, le caractère suggestif plutôt que définitif et enfin l'ambiguïté (un crayonné est toujours interprétable). Buxton souligne également qu'il existe une grande diversité de types de rendus possible, en fonction du métier concerné (architecture, design produit, design graphique, design d'interface, design d'interaction...), du support adopté ou du sujet du projet.

Chaque idée de solution est documentée au moment de l'idéation et peut faire l'objet d'une fiche qui alimentera le cahier d'idées. Le cahier d'idées est l'assemblage des illustrations de solutions potentielles retenues. Il recense toutes les pistes envisagées. Une maquette de principe est généralement réalisée lorsque le projet comporte une dimension de design produit.

Les 5 objectifs des crayonnés et des maquettes

1 — Utiliser le dessin pour comprendre, exposer les différents aspects du problème, intégrer le point de vue des personae, préciser les étapes clés d'un scénario ou d'un *workflow*.

2 — Générer un grand nombre d'idées et de scénarios possibles, les partager très tôt dans l'équipe du projet pour obtenir des retours rapides, sans être pour autant engagé sur la forme de la solution finale.

‹111›
Bill Buxton,
Sketching User Experiences,
Morgan Kaufmann,
2007, p. 111.

3 — Tester visuellement différentes pistes de solu-tions potentielles en basse fidélité, sans engager trop de temps à élaborer une formalisation détaillée ou fi-nalisée du produit ou de l'interface.

4 — Être un outil de communication et de collabo-ration pour représenter par le dessin la forme et les interactions du produit ou du service.

5 — Déterminer si les solutions envisagées s'engagent dans la bonne direction, en évaluer la pertinence en faisant réagir le client uniquement sur le principe de l'idée et en suscitant son adhésion aux propositions.

Les 5 bénéfices des crayonnés et des maquettes

1 — Un crayonné est rapide à réaliser, sans délai et sans coût particuliers.

2 — Un crayonné et une maquette suscitent le dia-logue avec les parties prenantes du projet et appellent à *prendre position*, à clarifier les attendus.

3 — Une maquette et un crayonné sont à la fois concrets et ouverts, permettant de générer un horizon d'attente et un imaginaire autour de ce que seront les prochaines étapes de développement des solutions envisagées. Ils stimulent le processus de création et exercent l'imagination du designer.

4 — Comme un crayonné et une maquette sont infor-mels, on peut aisément s'en séparer, les recommencer et les améliorer.

5 — Des crayonnés sont facilement archivables (ils peuvent être numérisés ou réalisés dans un *sketchbook*) pour être consultés ultérieurement.

Les étapes de réalisation des crayonnés et des maquettes

Étape 1 — On reformule la problématique du projet.

Étape 2 — On génère au moins une dizaine de concepts au crayonné pour répondre à la problématique soule-vée. L'objectif est de générer le plus grand nombre de concepts possibles, sans se soucier de leur qualité.

Étape 3 — On réduit le nombre de solutions en éli-minant les crayonnés les moins prometteurs. Ce peut être aussi l'occasion de générer de nouvelles idées pour compléter.

Étape 4 — On repart des crayonnés prometteurs pour générer dix nouvelles variations des concepts. Chaque concept peut faire l'objet de différentes interprétations.

Étape 5 — Les meilleures idées sont présentées de façon informelle en interne, dans l'équipe design.

Étape 6 — En fonction des commentaires recueillis, on retravaille les crayonnés.

Étape 7 — On assemble les dessins retenus dans un cahier, pour le présenter aux parties prenantes du projet.

⌐ **Formalisation**
  du livrable ⌐

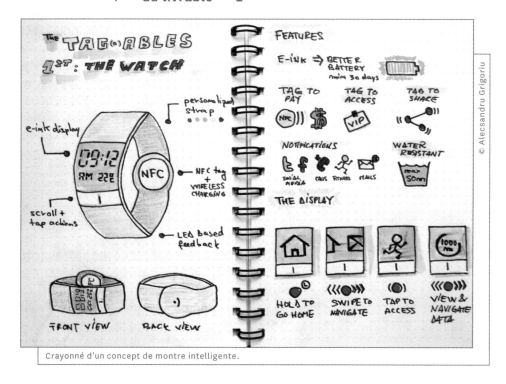

© Alecsandru Grigoriu

Crayonné d'un concept de montre intelligente.

Crayonnés et maquettes ne sont pas des livrables en soi mais plutôt des étapes préliminaires de formalisation des solutions de design. Ils peuvent être en deux ou trois dimensions, utiliser aussi bien le papier que la pâte à modeler, la mousse, l'argile ou d'autres matériaux physiques ou numériques.

La réalisation de maquettes s'effectue en atelier, avec toutes les conditions de sécurité requises. Elle permet d'explorer la forme du produit, à partir de matériaux qui peuvent être facilement découpés ou modelés. Les imprimantes 3D sont plus adaptées à la réalisation de maquettes haute fidélité.

La formalisation des crayonnés doit privilégier des dessins en noir et blanc réalisés au feutre, afin de ne pas introduire d'éléments de distraction. Pour les crayonnés, on génère des planches en carton plume au format A3 ou A2 que l'on dispose dans la salle de présentation. Les maquettes peuvent être disposées sur un socle et photographiées soigneusement.

Structure et anatomie du livrable

Chaque planche doit comporter un numéro, un titre et un court descriptif de quelques lignes du concept envisagé. Cette contextualisation permet de se référer plus facilement à une idée et de mieux saisir l'intention créative. Des légendes succinctes peuvent également être apportées. La règle est de formaliser une idée par planche. Ces planches peuvent être compilées sur support électronique et former un cahier d'idées, qui sera transmis aux parties prenantes à l'issue de la présentation.

Ouvrages sur les crayonnés

— Bill Buxton, *Sketching User Experiences*, Morgan Kaufmann, 2007.
— Bill Buxton, Saul Greenberg, Nicolai Marquardt, Sheelagh Capendale, *Sketching User Experiences : The Workbook*, Morgan Kaufmann, 2010.
— Brian K. Sullivan, *The Design Studio Method*, Focal Press, 2015.

Mood board

© Benoît Drouillat

ARCHITECTURE
INTERACTIVE

1. Radiant Soil, Philip Beesley
2. Sonata: Interactive Temporary Skin, Mahsa Vanaki Studio,
3. Aerial Well Study, Philip Beesley
4. Filament Mind, E/B Office
5. Translated Geometry, Institute for Advanced Architecture of Catalonia
6. HygroScope, Achim Menge
7. Urbana / Rob Ley, Hospital Parking Structure Facade
8. Sonumbra de Vincy, Loop PH
9. HypoSurface, dECOi/MIT

Mood board — Architecture interactive.

Donner corps aux inspirations visuelles du projet

Le *mood board* est un exercice stylistique qui consiste à imaginer un collage composé de photographies, de formes, de couleurs, de matières ou d'éléments graphiques pour communiquer les inspirations et les orientations graphiques d'un projet. Le *mood board* cherche à rassembler les éléments constitutifs d'une ambiance. Il peut être réalisé à partir d'éléments de papier découpés et collés sur du carton plume ou dans un espace de travail numérique. Sa vocation est de partager avec les parties prenantes du projet – autant les membres de l'équipe que le commanditaire du projet – les références sensorielles qui nourrissent le processus de création. Les thèmes esthétiques développés dans le *mood board* sont souvent matérialisés par des mots-clés mis en scène dans sa surface et qui évoquent un univers. Le *mood board* s'impose dès qu'il s'agit de mettre en images des idées complexes à exprimer.

Le *mood board* peut intervenir à différents moments du projet. En amont, juste après le brief, il peut contribuer à mieux cerner les attentes formelles du commanditaire tout en restant suffisamment abstrait pour ne pas figer l'orientation créative. Il participe alors à la phase d'appropriation du projet.

Il peut aussi venir en appui du travail de formalisation d'une interface, d'un produit ou d'un service. Il s'agit d'introduire de nouvelles idées formelles et de faciliter la transition entre les recommandations stratégiques et les recommandations créatives. Il facilite alors l'approbation du commanditaire du projet.

Les 5 objectifs du *mood board*

1 — Apporter des sources d'inspiration singulières et originales au projet.
2 — Suggérer des orientations de travail pour les choix formels du projet.
3 — Offrir un support de présentation et de discussion en amont des maquettes pour montrer au client l'orientation visuelle adoptée, la vision créative.
4 — Être une étape dans la formalisation de l'identité du produit ou du service.
5 — Convaincre un commanditaire, apporter des arguments dans le choix d'un concept.

Les 5 défis et 5 bénéfices du *mood board*

1 — Le *mood board* donne le contrôle au designer dans le choix des inspirations du projet pour définir la tonalité et l'orientation formelle / graphique mais aussi penser «*outside the box*». Il offre au client une opportunité de s'impliquer et de réagir dans un cadre moins formel qu'une proposition de maquette.
2 — Le *mood board* est relativement rapide et facile à créer, c'est une façon de positionner une réflexion avant d'intégrer totalement les éléments structurants de l'identité de marque dans laquelle s'inscrit le projet.
3 — Le *mood board* permet de se concentrer sur la dimension formelle (typographie, photographie, couleurs, formes, matières) plutôt que sur le contenu. La démarche permet de décorréler les deux aspects.
4 — Le *mood board* est un excellent outil pédagogique

pour communiquer la valeur des apports du design au client et traiter toute la part subjective du design dans un document de travail autonome.

5 — Le *mood board* projette le client dans un univers et permet de traduire des intentions abstraites par des propositions tangibles.

Les étapes de réalisation du *mood board*

Étape 0 — Évaluer la pertinence du *mood board*
Le *mood board* ne va pas toujours de soi dans le projet, en fonction du calendrier, des ressources disponibles et du besoin du client.

Étape 1 — Définir les sources d'inspiration
Ces sources peuvent être numériques (sites Web), des pages de magazines imprimés, des photographies prises dans des expositions, des images d'archive, des photographies de films, etc.

Étape 2 — Choisir des partis pris
Balayer et sélectionner les images, formes, couleurs et matières plutôt que dresser une collection d'éléments, il faut penser les partis pris qui permettront de les organiser.

Étape 3 — Mettre en forme le support
L'attention à la mise en page du *mood board* doit être très forte. Dans les *mood boards* imprimés, on assemble des images, des matières, sous la forme de collage. La typographie doit être un élément fort des *mood boards* : on met en scène le ou les messages à retenir avec des mots-clés. Un travail de grille permet de structurer les *mood boards* et de hiérarchiser les éléments efficacement.

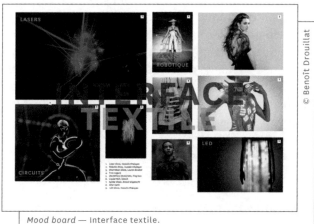

© Benoît Drouillat

Mood board — Interface textile.

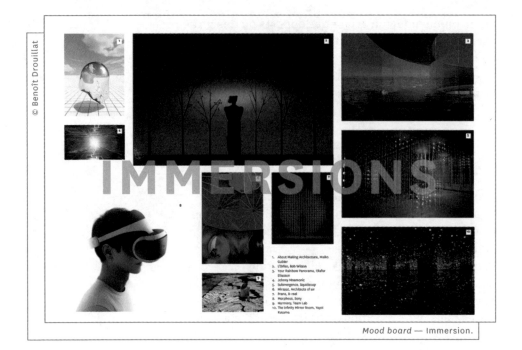

© Benoît Drouillat

IMMERSIONS

1. About Making Architecture, Maiko Gubler
2. L'Orfeo, Bob Wilson
3. Your Rainbow Panorama, Olafur Eliasson
4. Johnny Mnemonic
5. Submergence, Squidsoup
6. Miraasz, Architects of air
7. Prana, e-real
8. Morpheos, Sony
9. Harmony, Team Lab
10. The Infinity Mirror Room, Yayoi Kusama

Mood board — Immersion.

Généralement, on présente les *mood boards* en amont des pistes créatives. Il n'est pas particulièrement re-commandé d'envoyer les *mood boards* par e-mail avant une présentation ou une soutenance de projet, pour ménager un effet de surprise. Pendant la pré-sentation, on prend soin de mettre en relation les inspirations avec la problématique du projet. Dans le cas où le client met en doute l'utilité de la démarche, notamment s'il se montre impatient de prendre connaissance des recommandations créatives, on peut lui préciser le rôle joué par les *mood boards* pour articuler ses enjeux marketing et / ou communication avec la traduction graphique proposée.

Il est fréquent que, dans une présentation, le client confonde les *mood boards* avec les propositions graphiques, notamment si ces dernières ne font pas partie des éléments présentés. Dans un objectif didac-tique, on explique alors au client ce qui est attendu de l'élaboration des *mood boards* et la façon dont les valeurs de la marque ont été traduites.

Formalisation du livrable

Le *mood board* créé sous une forme numérique offre souvent une rapidité et une facilité plus importante, mais les planches physiques possèdent un impact plus fort car elles permettent de mobiliser un spectre de sensations plus vaste.

Dans le cas d'une planche en carton plume, le format est de 50 cm x 65 cm ou de 70 cm x 100 cm. Dans le cas d'un *mood board* numérique, le format doit correspondre à la résolution pleine écran de l'ordinateur ou du projecteur par lequel il sera présenté (en haute définition de préférence). On n'oubliera pas d'apporter des légendes aux images et d'en citer les sources, afin de pouvoir en retrouver le contexte et de créditer les auteurs.

Structure et anatomie du livrable

Les éléments qui peuvent composer un *mood board* sont divers : captures d'écran, coupures de magazines, photographies, illustrations, etc. La technique du *mood board* est celle du collage, qui s'inscrit historiquement dans le mouvement cubiste puis le surréalisme. C'est pourquoi il est éminemment géométrique.

Qu'il soit structuré en référence aux conventions et aux recherches du style international (avec l'aide d'une grille) ou qu'il soit déstructuré, le *mood board* doit rendre lisibles ses messages et offrir un sens de lecture. La mise en scène visuelle de ses différents messages doit permettre un parcours de lecture aisé.

Ressources et outils sur le *mood board*

Outils pour la formalisation

— <www.evernote.com>
— <https://kuler.adobe.com>
— <www.moodshare.com>
— <https://mural.ly>
— <www.pinterest.com>
— <www.sampleboard.com>

Sites Web

— <https://dribbble.com>
— <www.pinterest.com>

Agences d'images

— <www.gettyimages.fr>
— <www.istockphoto.com>
— <http://moodstream.gettyimages.com>
— <www.shutterstock.com>

Bureaux de style

— <www.carlin-international.com>
— <http://nellyrodi.com>
— <www.peclersparis.com>
— <www.promostyl.com/fr/>

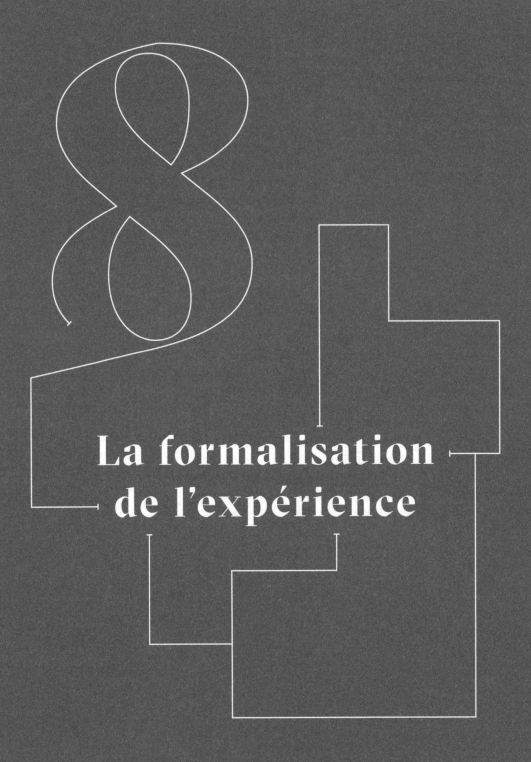

La formalisation
de l'expérience

Définition et périmètre

Après avoir recueilli et précisé le besoin du client, mené une enquête approfondie sur les utilisateurs, modélisé ces informations pour en dégager une formulation concise, claire et partagée, puis exploré différentes pistes de solutions, le moment est venu de choisir l'idée à réaliser et d'utiliser tout ce matériau pour la détailler et la déployer. Cette sélection fait généralement l'objet d'un échange au sein de l'équipe design, voire avec le client si différentes pistes lui ont été communiquées.

Dans la phase de formalisation, il s'agit de traduire la recherche utilisateur et sa modélisation en une solution concrète, à l'aide des différentes méthodologies et techniques de l'expérience utilisateur, du design d'interface et du design d'interaction. Le fil conducteur de cette approche consiste à utiliser la scénarisation comme outil de formalisation et de créativité, afin de faire prendre vie au projet. La notion de scénarisation s'étend au sens large, elle peut prendre la forme de parcours utilisateurs, d'interfaces filaires ou de scénarios d'usage. Pour Cooper, Reinmann, Cronin et Noessel <112>, le scénario est l'outil qui permet de contextualiser et de relier le design envisagé aux objectifs des utilisateurs. Il guide également l'implémentation du projet.

Pour formaliser l'expérience utilisateur, on élabore une arborescence, des interfaces filaires et des scénarios d'usage. Sur les fondations de cette architecture et de la description sommaire du comportement de l'interface/du produit, des recherches formelles graphiques ou physiques sont effectuées pour représenter le dispositif (site Web, logiciel, application mobile, objet connecté). Les principaux gabarits de l'interface sont maquettés ; le produit est modélisé en 3D et mis en situation. Le design d'interaction intervient pour décrire le comportement du produit, s'il y a lieu, principalement à l'aide de scénarios d'usage.

Le design produit des objets connectés comporte de nombreux aspects : l'apparence visuelle (couleurs et matériaux), les technologies de connectivité, les capteurs et actuateurs, la batterie,

<112>
Cooper, Reinmann, Cronin, Noessel, *op. cit.*, p. 102.

les techniques d'interaction (visuelle, gestuelle, tangible, audio ou multimodales) ‹113›.

Le design émerge de façon itérative, c'est-à-dire par propositions et modifications successives. Dans un premier temps, le client est confronté à des livrables intermédiaires et fait part de ses commentaires et de ses demandes de modifications. Dans un second temps, un prototype est élaboré et testé auprès d'utilisateurs potentiels. Une fois cette étape validée, il reste à produire le produit final. Soit le prototype évolue pour devenir ce produit fini, soit il n'est pas réutilisable. Généralement, le prototype l'est partiellement : les interfaces filaires ou les maquettes servent directement pour maquetter ou décliner les gabarits principaux de l'interface, mais le code doit être réécrit.

**Objectifs
Aspects critiques
Questions initiales**

La phase de formalisation permet de faire prendre vie à l'interface, au produit ou au service et consiste successivement à produire une représentation conceptuelle et à la « construire » numériquement (s'il faut la coder) et/ou physiquement ‹114› (s'il faut produire un objet) :
— Exprimer la vision proposée : quels sont les constats initiaux ? Quelle est la problématique à résoudre ? Dans quel territoire s'inscrit le projet ? Quelles sont les hypothèses formulées ? En quoi consiste le dispositif proposé ?
— Décrire l'expérience utilisateur : comment sont traduits les besoins et attentes des utilisateurs et du client dans l'interface et/ou l'usage du produit ? Que ressent l'utilisateur quand il utilise le produit ou le service ? Quelle est l'organisation de l'information dans l'interface ? Comment navigue-t-on ?
— Spécifier le comportement de l'interface ou du produit : quels sont les scénarios qui mettent en scène les activités des utilisateurs et leur dialogue avec le produit ? Comment réagit le produit ? Quels sont les styles d'interaction privilégiés ?
— Imaginer le design visuel et/ou physique du projet (design d'interface et design de produit) :

comment est traduite l'identité de l'entreprise dans l'interface? Quels sont les choix structurels et formels de l'interface? Quels sont les partis pris graphiques? Quels matériaux utiliser (s'il s'agit d'un produit)? Etc.

— Construire, tester et itérer la solution retenue: on développe un prototype à partir des interfaces filaires ou des maquettes graphiques. Ce prototype est testé en situation d'usage par des utilisateurs potentiels, selon un protocole et des scénarios précis. Une évaluation experte (heuristique, s'appuyant sur des critères d'ergonomie) peut aussi être menée. Après une première phase de test, une phase corrective dite d'itération est menée pour compenser tous les écueils repérés ou réintégrer des opportunités qui n'avaient pas été détectées lors de la phase initiale de conception. Une seconde phase de test peut être réalisée, pour affiner la solution. Lorsque la conception est jugée satisfaisante à tout point de vue, le projet peut être implémenté, c'est-à-dire codé et/ou fabriqué. Pour autant, la phase de développement ne marque pas la fin du processus de design: un suivi étroit est nécessaire pour s'assurer que l'implémentation est satisfaisante, tant d'un point de vue fonctionnel que formel.

Les méthodes, livrables et techniques

Les livrables de la formalisation de l'expérience sont les suivants:
— note d'intention;
— scénario d'usage;
— arborescence;
— *task flow et flow chart*;
— interfaces filaires;
— premières intentions de maquettes graphiques;
— design produit;
— prototype;
— cahier de spécifications fonctionnelles;
— guide de style / charte graphique.

<113>
Martin Charlier, Alfred Lui, Ann Light, Claire Rowland, Elizabeth Goodman, *Designing Connected Products*, O'Reilly, 2015.

<114>
Sharp, Rogers et Preece (*op. cit.*, p. 409) précisent qu'il « n'existe pas de limites rigides entre le design conceptuel et le design physique ». La réalisation du prototype physique et des recherches formelles du produit aboutissent généralement à revisiter les décisions prises pendant le design conceptuel.

Les défis potentiels

Les principaux défis de la phase de réalisation se posent dans la conduite du projet lui-même, dans les interactions nécessaires avec le commanditaire et dans la complexité technique inhérente au projet.

La nature très itérative du processus de réalisation (avec le client et l'équipe interne), tant en conception fonctionnelle qu'en création graphique, rend la validation finale difficile à atteindre, suscitant un cycle sans fin de modifications. À cela peut s'ajouter une vraie difficulté lorsqu'il s'agit de faire comprendre et de valider les livrables conceptuels car ils sont encore éloignés du résultat final.

Martina Schell et James O'Brien <115> ont d'ailleurs dédié un ouvrage entier aux principaux défis qui se posent au designer lorsqu'il doit s'exprimer sur son travail et communiquer ses propositions dans l'équipe design et auprès du client. *Communicating the UX Vision* expose ces difficultés en treize chapitres où sont passés en revue l'achoppement à partager un langage commun entre les différents acteurs du projet, leur vision divergente des indicateurs de performance clés (KPI), l'effort pour concilier les objectifs (parfois contradictoires) des parties prenantes, les réunions de présentation où les livrables ne sont pas restitués dans leur contexte, le risque que les livrables soient mal interprétés, la difficulté à trouver l'équilibre entre défense des solutions proposées et concession aux critiques... Autant d'écueils qui trouvent des solutions dans une attitude globale qui consiste à ne pas ériger de mur autour de la démarche de design et au contraire à partager le plus possible avec les non-designers en les embarquant dans la démarche, pour mieux en promouvoir la valeur.

Les objets connectés posent enfin une difficulté technique accrue car le recul est encore faible, notamment dans tout ce qui concerne l'interopérabilité des plate-formes et l'existence de multiples standards technologiques, l'étendue du spectre des terminaux et leur facteur de forme <116>, la complexité à rendre la compréhension et l'apprentissage des usages plus explicites.

Scénario d'usage*

*
Avec les suggestions
de Nicolas Leduc,
agence Attoma.

© Attoma pour La Poste

SCENARIO 1
CONSULTATION D'UN CATALOGUE DE MEUBLES – 1/2

① Je récupère mon courrier dans ma boîte aux lettres

② Je découvre le nouveau service FLASH LA POSTE

③ Je consulte le catalogue et je comprends à quoi ce service va me servir

④ Je sélectionne l'application

⑤ Je prends en photo une page du catalogue

⑥ Je visualise la liste des produits et sélectionne celui qui m'intéresse

⑦ Je consulte le détail de ce produit

⑧ Je visualise le produit dans mon intérieur

Scénario d'usage — Consultation d'un catalogue de meubles — 1/2.

© Attoma pour La Poste

SCENARIO 1
CONSULTATION D'UN CATALOGUE DE MEUBLES –2/2

⑨ Le canapé m'intéresse, je prends en photo la promotion pour l'acheter plus tard

⑩ Je l'enregistre

⑪ Je m'identifie

⑫ Quelques jours plus tard... J'arrive en caisse du magasin

⑬ Je me connecte à mon compte, mes données sont synchronisées, j'accède à mon historique

⑭ Je présente ma promotion à la caissière pour bénéficier d'une réduction

Scénario d'usage — Consultation d'un catalogue de meubles — 2/2.

Mettre en scène et en contexte les situations dans lesquelles les personnes utilisent le produit ou le service Le scénario d'usage illustre les situations concrètes dans lesquelles les personnes interagissent avec un produit ou un service. Un scénario est une «description narrative informelle» (Carroll). Il décrit les activités ou tâches humaines qui permettent d'explorer et de discuter du contexte, des besoins, des exigences et des priorités du projet. Le livrable détaille les étapes et les actions qui surviennent pendant une ou plusieurs séquences d'interactions. Sans chercher à décrire les activités de façon exhaustive, le scénario se concentre sur les aspects les plus représentatifs de l'usage et rend compte du contexte d'usage. Le recours au scénario est depuis longtemps largement répandu dans la conception d'applications logicielles orientées objet pour définir les besoins fonctionnels d'un projet.

Dans le domaine des interfaces, les scénarios d'usage contribuent à dégager une vision globale des actions accomplies par les utilisateurs, prévoyant des voies alternatives et des cas d'erreur. Ils décrivent les conséquences de ces actions sur le système et facilitent ainsi la collaboration entre les designers et les développeurs.

Plusieurs scénarios sont construits autour des activités que l'on prête à l'utilisateur dans l'interface afin d'identifier comment le service répond à ses objectifs et ses besoins. Rédigés sous la forme de courts textes descriptifs, ils sont illustrés de croquis ou de dessins plus aboutis.

Les 5 objectifs
du scénario d'usage

1 — Modéliser des situations ou des activités pendant lesquelles le produit ou le service est utilisé, pour illustrer comment la solution de design proposée se comporte, réagit et évolue.
2 — Mettre en situation les besoins et les attentes des utilisateurs, le contexte, l'usage du produit.
3 — Être un moyen de communication entre les équipes design, marketing et techniques pour partager une même compréhension de la solution, dans ses aspects aussi bien conceptuels, que formels, interactifs ou techniques.
4 — Disposer d'un outil efficient pour analyser les besoins, formaliser les interactions entre les utilisateurs et le système, ainsi que les tâches qu'un utilisateur doit accomplir pour utiliser l'interface.

5 — Produire un *story-board* détaillé qui permettra de recueillir les retours de l'ensemble de l'équipe, voire des utilisateurs.

Les 5 bénéfices du scénario d'usage

1 — Les scénarios d'usage mettent en scène de façon flexible les problématiques de design et créent une vision commune et stable du projet au sein de l'équipe.
2 — Ils sont faciles à créer et ne nécessitent pas de ressource particulière (sauf si l'on cherche à obtenir un rendu vidéo spécifique).
3 — Ils permettent de souligner les frustrations, les émotions et les questions que suscite l'expérience, plutôt que de s'appuyer sur une liste de fonctionnalités.
4 — Les scénarios d'usage peuvent être exploités pour des tests utilisateurs car ils détaillent des parcours précis.
5 — Ils permettent de comprendre les actions qui doivent être engagées par les utilisateurs, en prenant en compte leurs caractéristiques et leurs attentes dans leur contexte (démarche de design centré sur l'utilisateur).

Les étapes de réalisation du scénario d'usage

Pour écrire un scénario, il faut une compréhension élémentaire des actions qui devront être réalisées par l'utilisateur. Il faut disposer d'une compréhension claire des caractéristiques des utilisateurs et de leur contexte d'usage. C'est donc une façon de mobiliser et d'exploiter les ressources et données générées lors de la recherche utilisateur. Les scénarios peuvent découler des données rassemblées pendant l'observation en contexte. Une autre façon d'écrire le scénario consiste à organiser un atelier de co-création, dans lequel on mobilise les acteurs métiers, voire les utilisateurs potentiels.

Il s'agit alors de décrire dans des termes simples les interactions qui doivent prendre place. On évite les références trop directes à la technologie car à ce stade, le cadrage technique n'a pas été réalisé et les choix demeurent ouverts.

Le scénario peut éventuellement être relu par les utilisateurs potentiels du produit ou du service pour s'assurer qu'il est en phase avec la réalité de leurs usages.

<115>
Martina Schell, James O'Brien, *Communicating the UX Vision*, Morgan Kaufmann, 2015.

<116>
Le facteur de forme désigne les caractéristiques de la carte mère de l'objet, notamment ses dimensions, qui conditionnent la taille finale du produit.

Étape 1 — Déterminer les acteurs qui tiennent un rôle actif dans le scénario.

Étape 2 — Déterminer le rôle et les objectifs des acteurs. On utilise alors les personae ou à défaut des proto-personae, qui sont une alternative plus succincte de la modélisation de la recherche utilisateur.

Étape 3 — Déterminer le point de départ du scénario : déclenchement ou événement.

Étape 4 — Identifier les parties prenantes et leurs intérêts.

Étape 5 — Déterminer le nombre de *story-boards* que vous allez créer, fondés sur le nombre d'acteurs et leurs objectifs.

Étape 6 — Écrire les scénarios du point de départ à l'accomplissement des objectifs des acteurs.

Étape 7 — Partir des ingrédients : concept, simulations, acteurs.

Étape 8 — Choisir une histoire et un message : que doit exprimer le *story-board* ? Limiter l'histoire à un message clair.

Étape 9 — Créer les croquis dans des cadres.

Étape 10 — Concevoir la *timeline* globale avant d'entrer dans le détail.

Étape 11 — Créer des variations dans la taille des cadres, des légendes, des mises en avant...

Étape 12 — Créer le *story-board* global. Utiliser des légendes pour compléter les images ou croquis.

La validation d'un scénario d'usage peut s'effectuer en plusieurs étapes. On peut s'accorder dans un premier temps avec le client sur la nature, le nombre et les étapes de scénarios qui seront à produire. En partageant ces éléments très tôt dans la réalisation, on réduit le risque de ne pas être en phase sur les attendus du projet.

Il est fortement recommandé de procéder à une présentation orale du scénario d'usage avec le client et les parties prenantes décisionnaires. Lors de cette présentation, le client peut réagir et faire part de commentaires pour corriger d'éventuelles erreurs factuelles ou rappeler les objectifs. Le designer en prend note, argumente ses choix et effectue les modifications nécessaires. Plusieurs itérations sont nécessaires pour parvenir au résultat final.

Structure et anatomie du livrable

Les « ingrédients » principaux d'un scénario d'usage sont les suivants :
— le point de vue selon lequel l'histoire va être racontée ;
— les personnages ;
— le contexte dans lequel l'histoire se déroule ;
— la représentation : la matière visuelle et émotionnelle évoquées par le scénario ;
— le type de discours choisi.

Un scénario d'usage peut proposer différents niveaux de détail :
— les scénarios dits de « haut niveau » indiquent les étapes critiques mais n'entrent pas dans le détail du fonctionnement ;
— les scénarios dits de « bas niveau » explicitent comment les personnes interagissent avec l'objet, le service ou l'interface.

Un scénario d'usage peut prendre la forme :
— d'un simple texte rédigé,
— de crayonnés ou d'un collage de photos,
— d'un *story-board* (croquis ou photo),
— d'une bande dessinée,
— d'une vidéo.

Si les solutions de design présentées dans le scénario s'appuient sur des interfaces, alors des interfaces filaires peuvent être envisagées comme une façon potentielle de le détailler davantage.

Formalisation du livrable

Avec le scénario d'usage, la dimension visuelle prévaut pour donner force au concept proposé. Les story-boards utilisés pour l'analyse, pour cartographier les situations et les problématiques, ont typiquement un style de visualisation factuel. Les *story-boards* utilisés pour conceptualiser les idées ont un style de représentation plus « basique ». Les *story-boards* utilisés pour évaluer les idées de design sont plus ouverts, afin d'articuler différents points de vue. Ils ont souvent un style visuel plus « crayonné », moins formel, pour inviter aux réactions. Par opposition, les *story-boards* utilisés pour présenter un concept sont souvent plus aboutis, plus léchés.

Le document attendu prend la forme :
— d'un PDF format écran (1280*1024), pour être projeté ;
— d'un poster au format A3 minimum, afin d'être affiché dans la salle de présentation ;
— d'une vidéo optimisée (exemple : format MP4, HD 720 p, 1280*720).

Les fichiers comportent toujours les éléments d'identification suivants :
— le nom du projet ;
— la date ;
— le logo de l'agence et du commanditaire du projet ;
— le nom de la personne responsable du livrable.

Exemples de scénarios d'usage

— Scénario d'usage en vidéo (prototypage rapide) <http://www.cooper.com/journal/2008/12/economizer>
— Cinq scénarios d'usage présentés dans le cadre du programme « Plus longue la vie », initié par la Fing <http://fing.org/?5-scenarios-de-pistes-creatives>
— Indigo Studio propose une bibliothèque de scènes prédessinées pour aider à bâtir des *story-boards* : <http://www.infragistics.com/products/indigo-studio/storyboards>

Arborescence

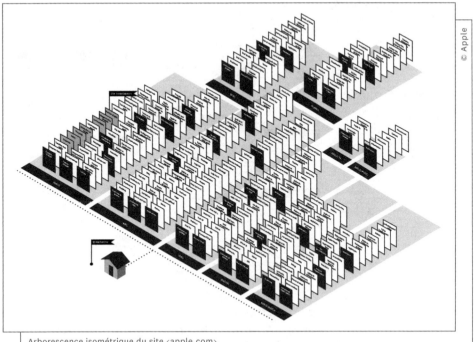

© Apple

Arborescence isométrique du site ‹apple.com›.

**Modéliser la structure
de l'information d'un site Web,
d'un intranet,
d'une application…**

Pour l'Office québécois de la langue française, une arborescence est une « représentation organisationnelle adoptant la forme d'un arbre, qui établit une stricte hiérarchie entre les éléments qui la composent, de façon que toute information, sauf la première, procède d'une seule autre, mais peut en engendrer plusieurs » ou encore un « Schéma qui met en évidence les rapports hiérarchiques des termes à l'intérieur d'une collection ».

L'arborescence décrit ainsi, dans le contexte des espaces d'information numériques, une forme particulière de structure de l'information. Cette forme est héritée de la conception logicielle, où les dossiers et fichiers s'agencent de façon hiérarchique. L'arborescence est un outil du processus de design en ce qu'elle permet de représenter les contenus et les fonctions.

© Apple

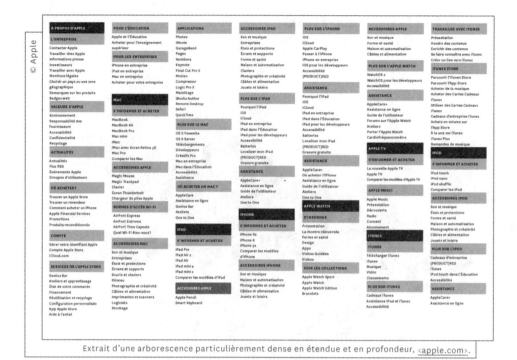

Extrait d'une arborescence particulièrement dense en étendue et en profondeur, ‹apple.com›.

L'arborescence se distingue du plan du site, qui rassemble une vision condensée de l'ensemble des rubriques sous la forme de liens et dont l'objet est le repérage dans l'interface. Pour les applications mobiles, on formalise plutôt un *flow chart* (organigramme de conception en français, mais le terme est peu employé) qu'une arborescence. C'est un diagramme qui documente les tâches et les interactions entre le système et l'utilisateur.

Dans l'ouvrage fondateur de la pratique de l'architecture de l'information, *Information Architecture*, Louis Rosenfeld et Peter Morville font de l'arborescence un livrable qui documente l'organisation du contenu d'un site Web.

À propos de la représentation graphique des arborescences, Rosenfeld et Morville notent que « la forme doit suivre la fonction » et qu'elles ne s'auto-explicitent pas. Ils distinguent ces représentations en fonction de leur niveau de détails : *high level blueprints et detailed blueprint*. À plus d'un titre, il est intéressant de confronter la vocation utilitaire de l'arborescence et sa représentation graphique. Plusieurs facteurs l'influencent :
— la granularité du contenu représenté ;
— la nécessité de modifier rapidement et aisément le document ;

— le souci d'expliciter au client les relations sémantiques des contenus et des fonctions représentés ;
— la volonté d'employer une grammaire graphique
simple, pour conserver une vision d'ensemble ;
— le souci de représenter le statut d'une page (pages
dynamiques, pages créées par les utilisateurs…).

Or, pour les arborescences très complexes et détaillées,
cet équilibre paraît particulièrement difficile à maintenir.

Les 5 objectifs de l'arborescence

1 — Offrir une représentation globale de la structure
d'un site Web, d'un logiciel ou d'une application mobile.
2 — Expliciter les relations qui existent entre les pages
et les différents éléments de l'interface : navigation,
guidage et organisation de l'information.
3 — Formaliser l'architecture de l'information lorsque
celle-ci est élaborée dans une perspective de co-de-
sign avec les utilisateurs, comme c'est le cas dans
l'activité de tri par cartes.
4 — Partager au sein de l'équipe du projet la vision cible
proposée par un document synthétique et actualisable.
5 — Susciter des discussions avec le client sur les
contenus et les fonctions du site ou de l'application.

Les 5 bénéfices de l'arborescence

1 — Formaliser l'arborescence permet de clarifier le
périmètre du projet, d'entrevoir la volumétrie des contenus, d'effectuer une première liste de fonctionnalités.
2 — Établir les fondations de la navigation en antici-
pant les besoins en information des utilisateurs et la
façon dont ils vont se repérer dans l'interface.
3 — Dresser un diagnostic du dispositif si l'arborescence est établie sur la base de l'existant. Préciser les
besoins pour la refonte des contenus, l'outil de gestion de contenus (*Content Management System*, CMS)
et la taxonomie.
4 — Repérer et recenser les différents gabarits de
pages qui devront être modélisés en *wireframes*.
5 — Visualiser l'information tout en suivant la métaphore spatiale, ce qui permet d'énoncer clairement la
vision du projet.

Les étapes de réalisation
d'une arborescence

Étape 1 — On définit le type d'information à représenter : niveau de profondeur du contenu, type de page, regroupement logique, principaux chemins de navigation, relations des liens hypertextes, droits d'accès aux contenus…
Étape 2 — On procède à l'inventaire des contenus et on crée des regroupements selon la logique d'organisation décidée (thématique, géographique, temporelle) pour :
— indiquer où les pages sont regroupées dans l'interface (exemple : *header* ou pied de page)
— révéler la fonction / vocation commune des pages
— apporter du contexte (exemple : pages gérées par tel département de l'entreprise).
Étape 3 — L'information peut être organisée selon les conventions visuelles retenues. Il faut bien distinguer les éléments « parents » des éléments « enfants » en utilisant un vocabulaire visuel approprié, qui valorise la hiérarchie. Plusieurs niveaux d'informations peuvent être représentés : titre de page (le plus courant), mais aussi niveau de profondeur, url, etc.
Étape 4 — On met en page l'arborescence.

Structure et anatomie
du livrable

Jesse James Garrett est à l'origine d'un vocabulaire graphique <117> complet pour la formalisation d'arborescences. Il a édité des bibliothèques de formes basiques, boîtes et flèches (*boxes and arrows*), pour reprendre une expression dont un magazine en ligne <118> s'est inspiré pour son nom. Dans la seconde édition de *Communicating Design*, Dan Brown souligne qu'une arborescence n'offre qu'une vision approximative des parcours de navigation car les visiteurs empruntent de multiples chemins d'accès vers les pages. Christina Wodke et Austin Govella souscrivent à cette démarche dans leur ouvrage *Information architecture, blueprints for the Web*. Ils recommandent en premier lieu le prototypage papier et la formalisation finale sur l'ordinateur. Ils détaillent sur le plan formel deux principales typologies d'arborescence : profonde (avec un grand nombre de niveaux hiérarchiques) ou étendue (avec un grand nombre de pages du même niveau juxtaposées). Ils proposent quatre types de représentation :

— En arbre : pour insister sur la hiérarchie (avec la difficulté de parvenir à agencer toute l'information sur le plan horizontal disponible).

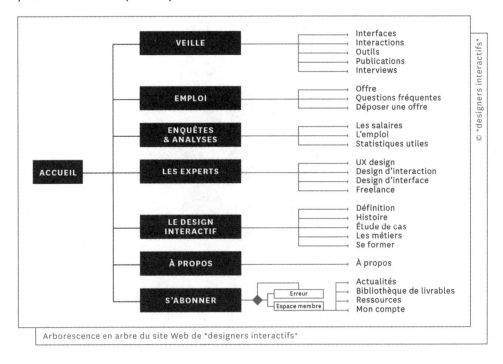

Arborescence en arbre du site Web de *designers interactifs*

© *designers interactifs*

— En rayon : pour favoriser une disposition verticale du contenu.

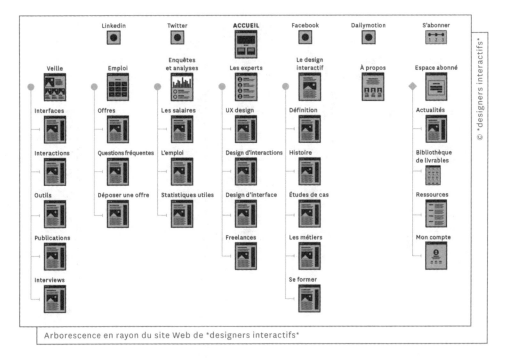

Arborescence en rayon du site Web de *designers interactifs*

© *designers interactifs*

— En étoile : pour les cas où la hiérarchie n'est pas stricte et l'organisation peu profonde.

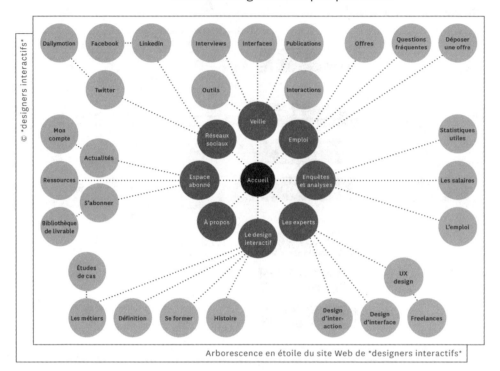

Arborescence en étoile du site Web de *designers interactifs*

— En tableau : pour insister davantage sur les associations que sur la hiérarchie des contenus.

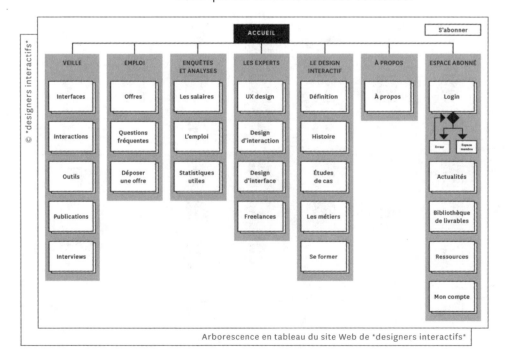

Arborescence en tableau du site Web de *designers interactifs*

Ce sont là les représentations d'arborescences qui conviennent à des structures simples et à des volumes de contenu relativement faibles. Le problème récurrent de cet exercice est de trouver la représentation adaptée à des configurations complexes où la profondeur de l'arborescence peut atteindre quatre niveaux et compter plus d'une centaine de pages.

Créée en 1990 par Paul Kahn et Krzysztof Lenk, l'agence Dynamic Diagrams a contribué, d'abord dans le champ du design d'information, à explorer les méthodes de cartographie de l'information en ligne. Dans le projet Holtzbrinck Web Map (1999), l'agence américaine synthétise dans un diagramme un écosystème de 150 sites Web qui matérialisent la présence en ligne de la société Holtzbrinck. Dans chaque cercle coloré, l'arborescence explicite la nature du contenu de chaque site, le pays, la langue et le statut.

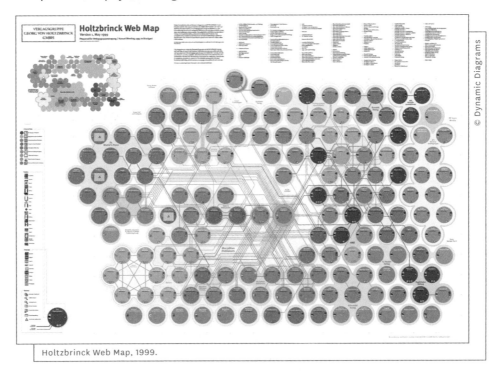

© Dynamic Diagrams

Holtzbrinck Web Map, 1999.

Visualiser les systèmes complexes d'information à travers la représentation isométrique

Comment représenter un recueil de données abstraites? Visualiser les systèmes complexes d'information constitue un besoin constant dans la pratique

<117>
http://www.jjg.net/
ia/visvocab/

<118>
http://www.
boxesandarrows.com/

© "designers interactifs"

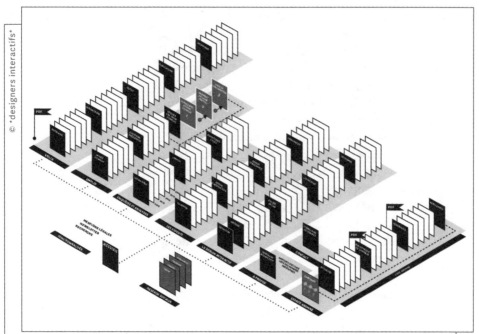

Arborescence isométrique du site Web de "designers interactifs"

de conception de sites Web et d'applications. Dans leur ouvrage *Mapping websites* (Rotovision, 2001), Paul Kahn et Krysztof Lenk proposent le principe d'arborescence isométrique.

Pour Paul Kahn et Krysztof Lenk, « les sites Web sont de façon inhérente multidimensionnels car ils existent dans un espace abstrait qui n'obéit pas aux règles de la géométrie euclidienne » (une vision de l'espace physique au sens classique du terme). Tout comme Jesse James Garrett, ils insistent sur l'importance des conventions de représentation dans les diagrammes d'information pour rendre visibles les relations et les propriétés abstraites : boîtes connectées par des lignes, couleurs, symboles.

Kahn et Lenk précisent que le format de l'arborescence est fortement influencé par son médium de destination : écran ou papier ? Sur l'écran, l'orientation horizontale de la représentation apparaît plus évidente, la limite de sa résolution pose la question du volume de texte qui peut être donné à lire.

L'un des avantages non négligeables d'une arborescence isométrique est le considérable gain de place qu'elle permet pour favoriser une vision d'ensemble du contenu.

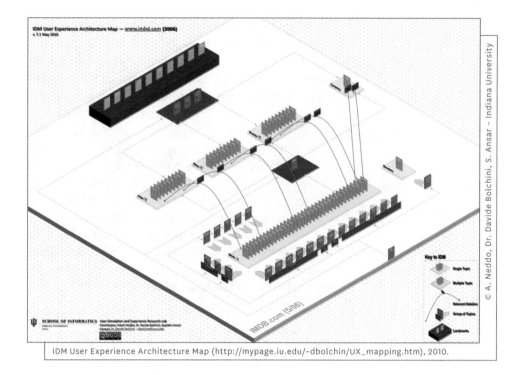

© A. Neddo, Dr. Davide Bolchini, S. Ansar – Indiana University

IDM User Experience Architecture Map (http://mypage.iu.edu/~dbolchin/UX_mapping.htm), 2010.

Formalisation du livrable

L'arborescence est un livrable souvent considéré comme difficile à appréhender en lecture, en raison des multiples niveaux de profondeur qu'elle peut contenir et des codes qui y sont associés. Outre une forme et un niveau de détail appropriés, on veillera à bien faire apparaître les grands partis pris de structurations proposés, quitte à simplifier et reformater le document. Plusieurs formats sont envisageables pour une arborescence :

— un diagramme s'appuyant sur les conventions proposées par Jesse James Garrett, composé de pages et de piles de pages. C'est la représentation la plus répandue, qui permet de répondre à des besoins de complexité moyens ;

— un diagramme de *type mindmap* qui présente l'intérêt d'une grande clarté et très facile à alimenter et à maintenir au fil du temps ;

— un tableau Excel, utile notamment lorsque la volumétrie du contenu est considérable. Il permet de rationaliser les niveaux de l'arborescence et de procéder à un recensement minutieux. On s'approche alors d'un inventaire de contenus. Tout le monde peut modifier le fichier, ce qui facilite la collaboration autour du livrable ;

— un diagramme isométrique (c'est-à-dire en pseudo 3D), plutôt très complexe à modéliser avec les outils disponibles et difficile à maintenir, mais offrant de nombreux avantages comme la capacité à montrer de nombreux niveaux de profondeur et les regroupements logiques, tout en restant parfaitement lisible.

Le cas échéant, comme le suggèrent Louis Rosenfeld et Peter Morville, on réalisera plusieurs arborescences pour en séquencer la présentation. Un premier diagramme représente la vision globale, puis chacune des sections fait l'objet d'un document dédié.

Le vocabulaire graphique de l'arborescence est signifiant et dispose de ses codes. Pour distinguer fichier / page et pile de fichiers / pages et regroupements on utilisera les codes suivants.

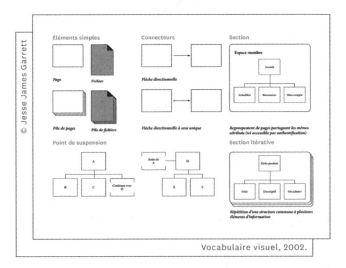

Vocabulaire visuel, 2002.

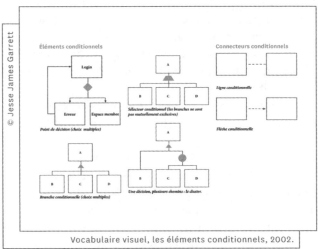

Vocabulaire visuel, les éléments conditionnels, 2002.

Le document attendu prend la forme :
— d'un PDF (format écran : 1280*1024) pour être projeté ;
— d'un poster (format A3 minimum), afin d'être affiché dans la salle de présentation.

Les livrables comportent toujours les éléments d'identification suivants :
— Le nom du projet,
— La date, éventuellement la version,
— Le logo de l'agence et celui du commanditaire du projet,
— Le nom de la personne responsable du livrable.

L'arborescence fait partie des livrables sensibles à présenter au client, en particulier si son niveau de précision ou d'abstraction est important. Le choix de la structure du contenu étant très déterminant pour la suite du projet, on organise une réunion de présentation afin de détailler les partis pris et passer en revue les contraintes soulevées. On prendra soin de décrire et d'expliquer les conventions de représentation adoptées, les modifications significatives apportées à l'existant et l'impact éventuel sur la production éditoriale et la contribution dans l'outil de gestion de contenus. Aborder la taxonomie est souvent décisif, car elle influence et conditionne les choix de conception pour la navigation et les choix techniques. Très souvent, une séance de tri par cartes permet de lever les principales difficultés et facilite l'adhésion du client.

Ressources et outils pour réaliser une arborescence

Il existe des dizaines d'outils permettant de réaliser une arborescence, allant des logiciels de bureautique basiques aux solutions les plus sophistiquées. Certains sont open source, d'autres sont propriétaires. Pourtant, rares sont les applications dédiées. Nous ne dresserons pas un inventaire exhaustif de ces outils, mais une sélection de ceux qui nous paraissent les plus pertinents.

Ressources

— *A Visual Vocabulary for Sitemaps*, par Jesse James Garrett, <www.jjg.net/ia/visvocab>
— Arborescences isométriques par Davide Bolchini, <http://mypage.iu.edu/~dbolchin/UX_mapping.htm>

— Omnigraffle UX Template par Michael Angele, ‹http://
konigi.com/tools/omnigraffle-ux-template›
— Balsamiq UX Template, par Michael Angeles, ‹http://
konigi.com/tools/balsamiq-ux-template/›

Outils

Application desktop open source :
— Xmind (disponible sur Windows, Mac OS X et Linux), application de mind mapping très souple, ‹www.xmind.net›

Applications desktop propriétaires :
— Axure (disponible sur Windows et Mac OS X), logiciel
de prototypage d'interfaces, pour lequel il existe une
communauté importante, mettant à disposition des li-
brairies de composants très avancées, ‹www.axure.com›
— MindNode (disponible sur iOS et Mac OS X), application de mind mapping qui gère bien la personnalisation
des diagrammes (typographie, fonds de couleur, forme,
taille des éléments…), ‹www.mindnode.com›
— Omnigraffle (disponible sur Mac OS X et iPad), application polyvalente qui permet de créer aussi bien des
interfaces filaires que des diagrammes complexes avec
beaucoup de précision et une grande qualité de rendu,
‹www.omnigroup.com/omnigraffle›
— PowerMapper (disponible sur Windows et Mac OS
X), application qui génère automatiquement des arborescences depuis l'URL d'un site et les restitue
sous différentes formes (3D, thumbnails, isométrique,
nuage, table des matières, etc.), ‹www.powermapper.
com›

Applications Web :
— Creately (disponible pour Windows, Mac Os X et Linux),
application collaborative en ligne qui dispose d'un grand
nombre de templates adaptés aux arborescences,
‹www.creately.com›
— Gliffy dispose, dans sa version pro, d'une bibliothèque
de composants fournie pour la création d'arborescences,
‹www.gliffy.com›
— Slickplan, application d'édition d'arborescences, permettant de personnaliser les diagrammes, de les partager,
de collaborer, de les publier en ligne, ‹www.slickplan.com›

228

229

Interfaces filaires (wireframes, story-boards)

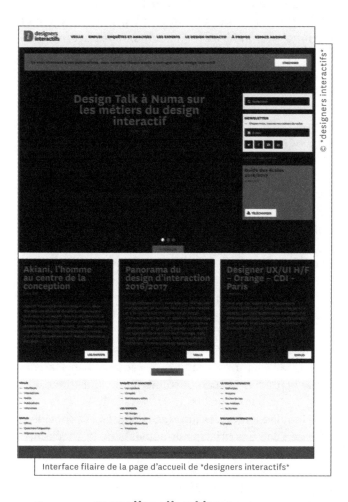

© *designers interactifs*

Interface filaire de la page d'accueil de *designers interactifs*

Formaliser l'architecture de l'information et le comportement d'une interface

L'interface filaire offre une vue schématique du contenu et des éléments d'interface tels qu'ils apparaissent sur les modèles de page d'un site Web, d'une application mobile ou desktop. Dans une interface filaire, l'accent est placé sur les fonctions, les contenus et leur niveau de priorité dans la page. La représentation en niveaux de gris fait abstraction des choix graphiques qui seront définis ultérieurement dans l'étape proprement dite de design «visuel» de l'interface. Il s'agit de donner priorité à la présentation de l'organisation de l'information, aux fonctionnalités attendues et aux comportements qui traduisent les interactions proposées.

L'interface filaire est l'un des livrables les plus répandus pour illustrer l'étape de conception de l'architecture de l'information d'une interface, où sont traduits et pondérés les besoins et les attentes du commanditaire du projet comme de l'utilisateur final. Le livrable est destiné à l'ensemble des équipes du projet : les designers pour guider le design de l'interface, les développeurs pour comprendre les fonctions et les interactions et le commanditaire pour valider que les exigences fonctionnelles sont en adéquation avec les objectifs fixés. Parfois, les interfaces filaires servent également à faire des tests avec des utilisateurs finaux. Dans les faits, il est parfois difficile de faire jouer leur véritable rôle aux interfaces filaires, c'est-à-dire de les utiliser comme un outil de co-conception, de prise de décision et de spécifications macro-fonctionnelles. Les implications pour les étapes ultérieures du projet n'y sont pas toujours lisibles pour les décisionnaires finaux.

La démarche consiste à formaliser une représentation minimale de l'interface, son squelette, à travers le recensement des éléments fondamentaux qu'elle contient, sur la base de modèles de pages. Sont définis la structure à l'échelle des écrans, la hiérarchie, la navigation et les comportements de l'interface.

De par la facilité avec laquelle le livrable peut être modifié, créer des interfaces filaires est considéré comme l'une des principales activités de la conception itérative d'un projet. L'architecte de l'information ou l'UX designer communique ainsi aux parties prenantes du projet les différentes solutions d'interface qu'il envisage. Ces solutions sont affinées lors d'itérations successives, avant de passer des écrans à la maquette graphique.

Utilisée comme outil de prototypage, l'interface filaire peut être statique ou interactive, c'est-à-dire offrant la possibilité de naviguer et d'explorer les interactions. La représentation attendue peut être «basse» ou «haute» définition, selon le niveau de précision nécessaire. Une interface filaire basse définition permet une formalisation rapide des idées de conception, sans s'attacher au réalisme de l'interface. Une interface filaire haute définition cherche, elle, à s'approcher le plus possible du résultat final, que ce soit en termes de niveau de détail, de définition des contenus, d'échelle ou de comportement des éléments d'interface.

© *designers interactifs*

Interface filaire basse fidélité de la page d'accueil de *designers interactifs* (réalisé avec Balsamiq).

© *designers interactifs*

Interface filaire haute fidélité de la page d'accueil de *designers interactifs* (réalisé avec Axure).

Les 5 objectifs de l'interface filaire

Les principales vocations de l'interface filaire sont de:

1 — Recenser les différentes composantes de l'interface à partir des objectifs du client ainsi que des besoins et attentes des utilisateurs: contenus (textes, images, vidéos, sons, fichiers, etc.) et fonctions.

2 — Modéliser de façon schématique au niveau des pages et de la relation entre les pages:

— les unités d'information;

— les éléments d'interface (boutons, menus, widgets...);

— l'organisation hiérarchique des contenus et fonctions.

3 — Explorer, tester et raffiner les solutions d'interface envisagées pour la consultation, la navigation et les différentes tâches que l'utilisateur doit y mener.

4 — Partager une vision commune du projet entre ses différentes parties prenantes, en traduisant les principes abstraits énoncés dans le recueil des besoins en propositions concrètes et illustrées.

5 — Documenter la conception du projet, pour non seulement y consigner et synthétiser les décisions prises au fil de l'eau, mais aussi apporter une information utile aux développeurs en amont de leur intervention. Cela peut s'effectuer notamment par des annotations marginales qui explicitent le fonctionnement de l'interface ou les règles fonctionnelles nécessitant d'être détaillées. Ce travail vient alors en préfiguration des spécifications fonctionnelles.

Les 5 bénéfices de l'interface filaire

1 — Grâce à leur formalisme adapté et à la rapidité avec laquelle elles peuvent être modifiées, les interfaces filaires sont propices à une démarche itérative, participative, voire à la co-conception.
2 — Très tôt dans la conception du projet, les interfaces filaires donnent matière à challenger les opportunités et les contraintes techniques, et si possible à anticiper la faisabilité technique. Elles évitent que surgissent trop tard dans le projet des arbitrages (techniques ou autres) qui nuisent à la qualité de l'expérience proposée.
3 — Les éléments d'architecture de l'information sont disponibles rapidement dans le développement du projet et peuvent être validés de façon séparée du design visuel, ils rendent compte de la progression du projet en favorisant le partage d'informations entre les différents intervenants.
4 — Les interfaces filaires encouragent l'exploration des problématiques soulevées, la génération rapide d'idées et le débat autour des solutions recommandées.
5 — L'adoption d'une telle démarche de prototypage permet de se concentrer sur l'intelligence de l'interface en faisant abstraction des dimensions qui ne sont pas pertinentes dans la phase d'exploration (identité graphique notamment).

Les étapes de réalisation des interfaces filaires

Étape 0 — On s'appuie sur les observations et découvertes rassemblées lors des phases précédentes du projet : brief design, recherche utilisateur, analyse concurrentielle, modélisation et idéation. Autant d'apports qu'il faut traduire en solutions d'interface concrètes.

Étape 1 — Recenser l'ensemble des gabarits de page à produire. Quels sont les principaux objectifs de chaque page? Quels sont les scénarios principaux à envisager? Si nécessaire, les formaliser succinctement.

Étape 2 — Lister pour chaque gabarit les contenus et fonctionnalités qui s'inscrivent dans le périmètre du projet. Quelle est la nature des contenus? Doivent-ils être administrables? Quelle est leur priorité dans l'interface? Quels sont les éléments qui peuvent être regroupés? Quel espace vont-ils occuper? Quelles sont les règles d'affichage?

Étape 3 — À partir de l'inventaire des composants de l'interface, réfléchir à la façon la plus appropriée de les mettre en scène. Tester plusieurs solutions, par exemple carrousel, menu accordéon, liste d'éléments... Quel est le niveau de fidélité le mieux adapté au projet?

Étape 4 — Disposer les blocs d'information sur la page et déterminer un agencement qui serve le sens et la priorisation des contenus.

Étape 5 — Apporter des annotations pour préciser: la provenance du contenu, si le contenu est optionnel et en fonction de quels paramètres, les différents états possibles pour un élément d'interface donné, ce qu'il se passe lors des interactions en cas d'erreur...

Formalisation du livrable

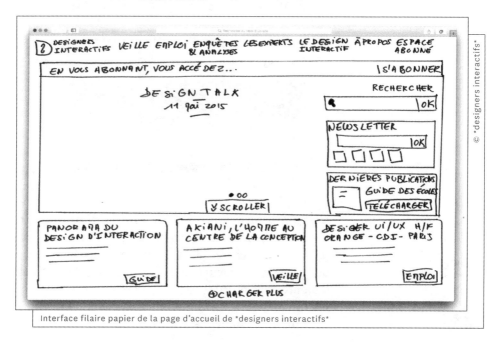

Interface filaire papier de la page d'accueil de *designers interactifs*

© *designers interactifs*

Outre la question du niveau de fidélité de l'interface filaire, la formalisation peut s'appuyer sur différentes techniques :

— analogue, avec un prototype papier. On peut alors utiliser des bibliothèques d'éléments d'interface à télécharger ;

— numérique, avec différents types de prototypes : des interfaces filaires statiques, qu'on exporte en PDF et/ou qu'on imprime ; des interfaces filaires interactives et partageables (exportables en PDF et en HTML), réalisées avec des outils comme Axure ou UX Pin ; des interfaces codées en HTML qu'on partage par e-mail ou sur un espace dédié ; des interfaces codées via un éditeur visuel s'appuyant sur un *framework* de développement comme Boostrap ou Foundation. Exemples : Jetstrap ou Bootply.

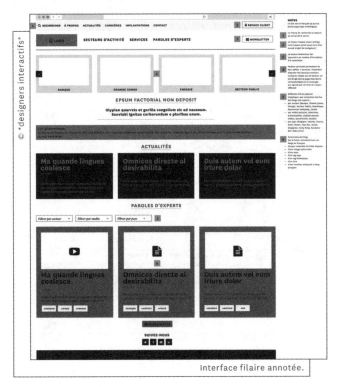

© *designers interactifs*

Interface filaire annotée.

Une approche hybride, qui consiste à réaliser des croquis sur papier, à les numériser et à les importer dans un prototype numérique. C'est par exemple le principe de l'application Pop qui permet d'importer des croquis, d'ajouter des gestuelles et des transitions pour simuler la navigation et le comportement de l'interface, avec un effort de réalisation très réduit.

Idéalement, les interfaces sont créées à l'échelle 1, adaptées selon une grille *responsive*, dont les points de rupture sont par exemple ceux privilégiés par le *framework* de développement Boostrap : soit les très petits écrans (smartphone) de moins de 768 px, les petits écrans (tablette) à partir de 768 px, les écrans (*desktop*) de taille moyenne de 992 px et au-delà, et enfin les grands écrans (*desktop*) de plus de 1 200 px.

Structure et anatomie du livrable

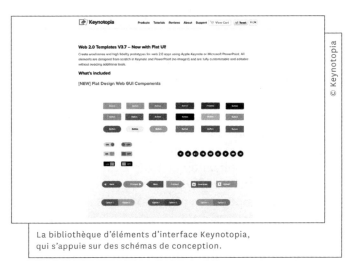

© Keynotopia

La bibliothèque d'éléments d'interface Keynotopia, qui s'appuie sur des schémas de conception.

Les interfaces filaires représentent des modèles de pages ou d'écrans qui peuvent s'afficher dans divers contextes : application desktop, navigateur Web ou mobile, application mobile native, borne interactive, affichage dynamique, etc.

Une interface filaire est organisée autour de zones de contenus (*zoning*), de navigation et de fonctions. Par exemple, la première zone d'un écran est souvent dédiée à l'affichage de l'identité de l'organisation, à la navigation et aux fonctions critiques comme le moteur de recherche et l'accès aux paramétrages.

On distingue souvent les composants communs à plusieurs gabarits de pages des zones spécifiques. Par exemple : en-tête (*header*), barre de navigation, titre de page, blocs de contenus, pied de page (*footer*). Ces éléments doivent être rigoureusement cohérents d'un modèle de page à l'autre. Ce qui permet d'obtenir une conception modulaire, avec la possibilité de réutiliser des schémas de conception à travers une ou plusieurs interfaces (s'il s'agit d'un écosystème d'applications ou de sites Web).

Par convention, les annotations sont présentées à droite de l'interface filaire, qui elle, est intégrée dans une fenêtre de navigateur ou dans le terminal qu'elle est censée représenter. La somme des modèles de page d'une interface constitue un cahier de conception, généralement exporté sous la forme d'un fichier PDF ou généré sous la forme d'une suite de pages HTML, consultables dans un navigateur.

Ressources et outils sur les interfaces filaires

Les outils pour formaliser des interfaces filaires

— Axure, application pour OSX et Windows qui permet de créer des interfaces filaires de sites Web et d'applications, <www.axure.com/fr>
— Balsamiq, application en ligne et desktop de prototypage rapide, <https://balsamiq.com>
— Keynote, application pour OSX et iOS qui permet de créer et d'animer des présentations, <www.apple.com/fr/mac/keynote>
— Omnigraffle, application OSX et iOS pour réaliser des diagrammes et des interfaces filaires, <https://www.omnigroup.com/omnigraffle>
— Sketch, application de dessin vectoriel disponible sous OSX pour créer des interfaces, <http://bohemiancoding.com/sketch>

Les outils adaptés au prototypage interactif

— Just In Mind, application de prototypage pour mobile, Web et desktop à télécharger, <www.justinmind.com>
— MockFlow, application de prototypage en ligne, <www.mockflow.com>
— Pop, application de prototypage iPhone, Windows et Android pour les interfaces mobiles, <https://popapp.in>
— Proto.io, application en ligne et mobile (Android, iOS) de prototypage haute fidélité pour le Web et le mobile, <https://proto.io>
— UX Pin, plate-forme de prototypage en ligne compatible avec Sketch et Photoshop, <www.uxpin.com>

Applications de
prototypage d'interface

— Axure, ‹http://www.axure.com›
— Balsamiq Mockups, ‹https://balsamiq.com/products/mockups›
— Indigo Studio, ‹http://www.infragistics.com/products/indigo-studio›
— InVision, ‹http://www.invisionapp.com›
— Just In Mind, ‹http://www.justinmind.com›
— Marvel, ‹https://marvelapp.com›
— Omnigraffle, ‹https://www.omnigroup.com/omnigraffle›
— Sketch, ‹http://bohemiancoding.com/sketch›

Librairies d'éléments
d'interface pour Axure
(librairies statiques)

— Axemplate, ‹http://axemplate.com›
— Axure Widgets & Templates for UX Pros, ‹http://commonsenseux.com›
— Axutopia, ‹http://axutopia.com›
— Total Wireframes, bibliothèque (payante) de widgets pour Axure, ‹http://totalwireframe.com›
— Totalwireframe, ‹http://totalwireframe.com›

Librairies d'éléments
d'interface pour Axure
(librairies dynamiques
disposant de comportements
pré-scriptés)

— Axureland, ‹http://axureland.com›
— Axure Material UI Kit, ‹http://wearebridge.co/ux-tools/Axure-MATERIAL-UI-Kit/home.html›
— Axure Flat UI Kit, ‹http://wearebridge.co/ux-tools/Axure-UI-Kits›
— Axure Tools, ‹http://axuretools.com›

Librairies d'éléments
d'interface multi-compatibles

— GUIToolkits, ensemble de kits d'éléments d'interface haute fidélité pour le mobile et le Web (disponible pour Illustrator, Fireworks, Axure, Omnigraffle, Keynote, PowerPoint et Visio), ‹http://guitoolkits.com›

— UX Kits, bibliothèque de composants d'interface pour Illustrator, Omnigraffle et Sketch, <http://uxkits.com> (payant)
— UX Movement, bibliothèque d'éléments d'interface sur Illustrator, Omnigraffle et Sketch, <http://uxmovement .com/category/products>

Keynote, Omnigraffle, Sketch et PowerPoint

— Keynotopia, bibliothèque (payante) pour le prototypage rapide d'interfaces mobile, Web et desktop, pour Keynote et PowerPoint, <http://keynotopia.com>
— Wirefkraft, ensemble de kits d'interfaces filaires (payants) pour Keynote, <http://wirekraft.co>
— Graffletopia, bibliothèque d'éléments d'interfaces pour Omnigraffle, <https://www.graffletopia.com>
— Sketch App Sources, site Web regroupant un ensemble de ressources (composants d'interface, tutoriaux, plugins) pour Sketch, <www.sketchappsources.com>
— UI8, collection (payante) d'éléments pour créer des interfaces filaires et des maquettes d'interfaces, pour Photoshop et Sketch, <https://ui8.net>
— PowerMockup, bibliothèque d'éléments d'interface pour créer des interfaces filaires dans PowerPoint, <www.powermockup.com>

Les bibliothèques et outils de diagrammes

— Flow Patterns, bibliothèque d'éléments à utiliser dans Illustrator et Omnigraffle, <http://uxmovement. com/products/flow-patterns-make-site-flows-with-fine-visual-detail>
— Gliffy, application en ligne, <https://www.gliffy.com>
— Simple Diagrams, application desktop comprenant 500 formes prédessinées, <www.simplediagrams.com>

Les éditeurs visuels s'appuyant sur des *frameworks* de développement

— Bootly, éditeur en ligne, <www.bootply.com>
— Jetstrap, éditeur en ligne, <https://jetstrap.com>
— Pingengo, application, <http://pingendo.com>

Prototype

AKARI, paravent Lumineux, Marine Rouit, projet de diplôme ENSCI.

Photographie : Véronique Huyghe © Marine Rouit

Expérimenter et évaluer les solutions envisagées à travers un modèle sommaire du produit ou du service

Les produits et les services numériques sont caractérisés par un développement, une mise en marché et un cycle de vie particulièrement courts. Cela se vérifie aussi bien pour les logiciels, les sites Web que pour les objets connectés. Cette pression constante sur les délais dans lesquels les projets émergent nécessite le recours à des outils adaptés, c'est-à-dire favorisant un développement agile, itératif et rapide du produit. Souvent, il s'agit de mieux transmettre la vision du projet, de mesurer l'effort de l'implémentation technique ou encore de chercher à mieux adhérer au point de vue de l'utilisateur final.

    Le prototype est un dispositif qui préfigure la version définitive du produit. Pour reprendre les designers Marion Buchenau et Jane Fulton Suri, « les prototypes sont des représentations de propositions de design conçu avant que l'artefact final existe ⟨119⟩ ». Il peut porter sur un aspect spécifique ou toutes les facettes

⟨119⟩
Marion Buchenau,
Jane Fulton Suri,
« Experience prototyping »,
*Proceeding DIS '00,
Proceedings
of the 3rd conference
on Designing interactive
systems: processes,
practices, methods, and
techniques*, pp. 424-433.

du produit. Le prototype est le pont entre la phase de conceptualisation du projet et la réalisation effective du produit. On cherche alors à approcher de la solution cible, souvent dans l'objectif d'en tester le fonctionnement plus que d'en éprouver la forme finale, même si le «look and feel» peut faire partie des attributs du prototype.

On distingue plusieurs types de prototypes selon l'objectif que l'on cherche à atteindre :
— l'échelle couverte par le prototype : l'intégralité du produit ou seulement un élément du produit ;
— la forme revêtue par le prototype : un objet physique (exemple : une maquette en mousse ou une impression 3D) ou un dispositif numérique (exemple : une application mobile en HTML ou une vidéo) ;
— le niveau de fidélité recherché par rapport au produit cible : basse, moyenne ou haute fidélité ;
— la vocation du prototype : doit-il être présenté auprès de décideurs, confronté à des utilisateurs potentiels ou cherche-t-on à éprouver sa faisabilité technique ?

On distingue le prototype au sens industriel du terme du prototype rapide, qui élimine la fabrication industrielle en tant que telle et combine des techniques qui aboutissent à un résultat plus immédiat, plus approximatif mais suffisant. Le prototypage est une activité très répandue dans le développement d'applications logicielles, car elle permet de simuler le fonctionnement de l'interface du produit.

Dans une approche plus large que celle de l'interface filaire présentée dans cet ouvrage, le prototype est le support qui s'impose comme la façon de représenter et de simuler l'interactivité / le comportement de l'interface ou du produit.

Les 5 objectifs du prototype

1 — Vérifier, lors de sessions de tests, l'adéquation entre les besoins des utilisateurs et les solutions apportées par la démarche de design.
2 — Explorer avec facilité et rapidité plusieurs pistes de conception, expérimenter les technologies et les usages, itérer pour faire évoluer le prototype ou corriger la vision du projet s'il existe des écueils.
3 — Contrôler si le prototype se comporte comme attendu ou formulé lors de l'expression de besoin.

4 — Communiquer au sein de l'équipe projet sur la base d'un support concret et échanger sur les caractéristiques qu'il doit comporter. À ce titre, le prototype est considéré comme un outil collaborat.

5 — Appréhender la représentation fonctionnelle du produit, séparément de sa forme définitive, sans avoir à la développer entièrement (et donc dans un coût réduit).

⌐ Les 5 bénéfices ⌐
du prototype

1 — Le prototypage encourage l'expérimentation sans être dépendant de la technologie. Il contribue à enrichir l'étape d'exploration du projet, à tester et à raffiner les solutions envisagées.

2 — Il permet des itérations beaucoup plus rapides et souples, car il est aisément modifiable.

3 — Il permet de représenter et d'expérimenter des interfaces / des produits / des services complexes sans se focaliser trop sur l'aspect visuel de l'interface.

4 — Il permet d'impliquer tous les membres de l'équipe dans le processus, sans nécessiter de maîtrise technique particulière <120>.

5 — Le prototypage, en privilégiant une représentation graphique et/ou tangible de la solution de design, permet de réduire le risque de mauvaise interprétation : on expérimente de façon directe le fonctionnement du produit ou du service.

Les étapes de
réalisation du prototype

Arnowitz, Arent et Berger proposent une démarche en quatre grandes phases et onze étapes adaptables au périmètre projet pour la réalisation d'un prototype <121>. Nous les reprenons et les adaptons ci-dessous.

PHASE 1 — Planification
Il s'agit de définir les besoins exacts et de planifier ce qui doit être réalisé. Par exemple, on choisit quels aspects de l'interface doivent être prototypés ou pas.
Étape 1 — Passer en revue les attendus du prototype.
À partir des attendus plus complets du projet à réaliser, on dérive ceux du prototype, en fonction des scénarios de navigation et d'interactions qui doivent être illustrés. Ces attendus sont partagés, itérés et validés en amont

<120>
« Many clients will have difficulty understanding a design until they see and use the prototype. Like all the other models and diagrams, it is a tool for communicating. Prototypes communicate the message, "this is what it could be like" ».
Dan Saffer,
Designing for Interaction,
New Riders, 2009, p. 114.

<121>
Jonathan Arnowitz,
Michael Arent,
Nevin Berger,
*Effective prototyping
for software makers*,
Morgan Kaufmann,
2007, p. 20.

avec le commanditaire du projet pour s'assurer que le prototype est adapté à l'audience qui l'utilisera et répondra aux objectifs des parcours utilisateurs choisis.

Étape 2 — Créer un diagramme de tâches ou de flux.

On formalise la cinématique du prototype, c'est-à-dire l'enchaînement des étapes de navigation et d'interactions dans l'interface. En modélisant les comportements attendus à l'échelle du prototype, on précise beaucoup mieux quels cas doivent être représentés, quels éléments d'interfaces sont nécessaires et quels parcours de navigation doivent être intégrés.

Étape 3 — Recenser le contenu, définir le niveau de fidélité.

En basse, moyenne ou haute fidélité, la représentation adoptée pour le prototype détermine l'aspect, mais aussi le temps et les ressources qu'il faudra y consacrer. Si le prototype est en haute fidélité, il faudra envisager la création de maquettes graphiques plus abouties. Le contenu du prototype sera-t-il fictif (en latin, par exemple) ou reflétera-t-il au plus près celui de l'interface finale?

PHASE 2 — Spécifications

Les choix effectués lors de la phase 1 déterminent les caractéristiques revêtues par le prototype, la méthode de prototypage et les outils qui seront mobilisés.

Étape 4 — Définir les caractéristiques du prototype.

Un prototype ne développe pas toutes les fonctions et les parcours possibles du produit fini, mais fournit le niveau de détail suffisant pour évaluer la solution proposée.

Étape 5 — Choisir une méthode de prototypage.

Le choix s'effectue entre les interfaces filaires interactives, un *story-board* animé, un prototype papier, une vidéo, la technique du Magicien d'Oz, une interface entièrement codée...

Étape 6 — Choisir les bons outils de prototypage.

En fonction de la méthode adoptée, plusieurs outils peuvent être utilisés : voir notre liste à la fin du chapitre dédié aux interfaces filaires.

PHASE 3 — Design

La phase 3 de la démarche de prototypage consiste à développer une exécution de qualité.

Étape 7 — Effectuer des choix de design pertinents.

Les principes de design adoptés sont motivés tant sur le plan formel (design graphique) qu'en termes d'interactions.

Étape 8 — Réaliser le prototype.
Avec le ou les outils choisis, la production du prototype est engagée. Plusieurs livrables intermédiaires peuvent être envisagés si le prototype comporte différents parcours ou doit être disponible pour plusieurs tailles d'écran (desktop, Web, tablette, mobile).

PHASE 4 — Résultats
Étape 9 — Recetter le prototype.
Dans un premier temps, le prototype est recetté en interne par l'équipe, amendé, puis communiqué au commanditaire, avant d'être éventuellement soumis à un panel d'utilisateurs pour être testé.
Étape 10 — Itérer et valider.
Le commanditaire du prototype formule ses remarques et l'équipe design apporte les modifications nécessaires.
Étape 11 — Passer du prototype itéré au produit fini.
On traduit le prototype en un produit ou un service qui peut être déployé.

© "designers interactifs"

Prototype papier d'Apple Watch.

Format et anatomie du livrable

Les critères qui déterminent le format du prototype ont trait notamment à l'audience à laquelle il va être présenté, à la rapidité d'exécution souhaitée, à la longévité attendue (jetable ou réutilisable?) au medium (physique ou numérique) ‹122›, au niveau de fidélité ou encore au style (narratif ou interactif). Les techniques de prototypage peuvent ainsi correspondre à des étapes différentes de développement du projet.

Les prototypes tangibles

Prototype papier

Un prototype papier consiste à modéliser en 2D ou en 3D une interface ou un objet sur une feuille imprimée ou dessinée, tout en s'abstrayant totalement de la technologie. Il peut être fonctionnel, c'est-à-dire capable de simuler des interactions numériques avec l'aide d'un intervenant jouant le rôle de l'ordinateur. Il peut être aussi dit de principe. Pour réaliser un prototype papier, on peut s'appuyer sur des bibliothèques de modèles à imprimer ou dessiner et découper les éléments.

‹122›
Jonathan Arnowitz,
Michael Arent,
Nevin Berger,
op. cit., p. 109.

Prototype hybride
(physique et numérique)

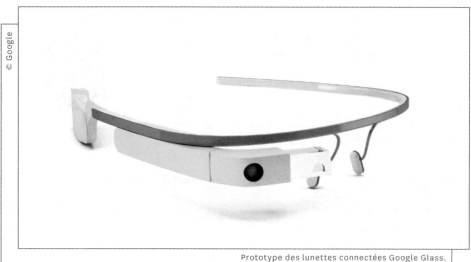

© Google

Prototype des lunettes connectées Google Glass.

Pour progresser dans un projet, il est souvent nécessaire de matérialiser les solutions dans un prototype qui « représentera la combinaison de ce à quoi ressemble le design, comment il est perçu, comment il se comporte et comment il fonctionne ‹123›».

Les prototypes physiques rendent plus réalistes le design et l'expérience du projet, ils permettent de s'approcher par itérations successives de la version la plus satisfaisante du produit. Avec la combinaison du prototypage et de l'évaluation, on atteint une compréhension par l'expérimentation sensible de «ce qui fonctionne» et de «ce qui ne fonctionne pas».

Pour justifier le recours à un prototype physique interactif, Buchenau et Fulton Suri mettent en avant le besoin de prendre en compte la nature hybride – physique et numérique – des produits sur lesquels les designers travaillent aujourd'hui : « De plus en plus, nous nous retrouvons à designer des interactions complexes et dynamiques, dont les supports convergent à travers le *hardware* et le *software*, les espaces et les services – des produits comme les terminaux mobiles ou des systèmes dotés d'interactions connectées [...]. Les artefacts hybrides qui en résultent requièrent de nouvelles expressions pour traduire leurs qualités originales, comme les «produits sensibles au comportement» fondés sur une véritable intégration entre *hardware* et *software*. Ce terrain inconnu nécessite de nouvelles approches en design, une attention spécifique et, au final, le design d'expériences intégrées et holistiques, reliées au contexte, plutôt que des artefacts ou des composants individuels ⟨124⟩. »

La réalisation d'un prototype physique interactif peut nécessiter le recours à des pratiques et des techniques très différentes : le design d'expérience utilisateur, le design d'interface, le design de produit, la programmation informatique et l'électronique.

Découpe laser, impression 3D et machine-outil à commande numérique sont quelques-uns des outils qui peuvent être mobilisés dans la conception d'un prototype physique. Pour autant, la fabrication numérique n'est pas la seule démarche envisageable et on peut recourir à des méthodes plus traditionnelles à partir de pâte à modeler, de carton-plume, de polystyrène extrudé, de mousse, de polymères époxydes, voire en faisant intervenir les Lego Serious Play ⟨125⟩, une méthode de créativité qui consiste à imaginer des scénarios et des objets en combinant les célèbres briques de couleur. Ces techniques sont largement répandues dans le design industriel.

Pour prototyper un objet connecté fonctionnel, on embarque dans une maquette de l'objet physique des contrôleurs, des capteurs et des actuateurs qu'on connecte à Internet.

⟨123⟩
Bill Moggridge,
Designing Interactions,
The MIT Press,
2007, p. 685.

⟨124⟩
Bill Moggridge,
op. cit., p. 685

⟨125⟩
Voir
Lego Serious Play,
consulté le 3 mai 2015.
⟨http://www.lego.com/
fr-fr/seriousplay/⟩

Lego Serious Play.

© FlickR, Centro de Innovación UC Anacleto Angelini

Les prototypes numériques

Les prototypes numériques sont facilement modifiables, bien que parfois complexes et fastidieux à coder.

Prototype numérique narratif

Scénario / *Story-board*

© Infragistics

L'outil Indigo Studio pour la scénarisation.

Le *story-board* expose un scénario pour exprimer les cas d'usage et les besoins fonctionnels à partir des tâches réelles de l'utilisateur. La trame narrative du *story-board* est illustrée par des maquettes de l'interface ou du produit. On rédige une description textuelle des interactions des personae avec le produit ou le service, ainsi que les réactions du système <126>. Chaque scénario s'inscrit dans une situation (mise en contexte) pour conférer un caractère plus concret aux actions et explicite les motivations des personae. Un scénario comporte quatre activités principales : imaginer les interactions idéales de l'utilisateur, utiliser la narration pour extraire l'expression de besoin design, définir les interactions fondamentales du produit et enfin compléter ce cadre avec des éléments de détail sur la solution de design proposée. On considère généralement que les *story-boards* sont des descriptions très efficaces pour communiquer des idées aux parties prenantes du projet car ils stimulent l'imagination. Généralement, les *story-boards* sont travaillés sur des diapositives PowerPoint ou Keynote : on rédige dans un premier temps un script que l'on enrichit avec des images ou des illustrations. Une première version du scénario peut aussi être réalisée en crayonné puis retravaillée numériquement dans un logiciel adapté.

Interface filaire
Voir le chapitre dédié aux interfaces filaires page 229.

Vidéo

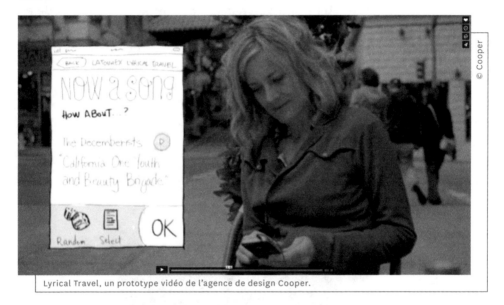

Lyrical Travel, un prototype vidéo de l'agence de design Cooper.

Depuis les années 1980, la production de vidéo est un outil de prototypage largement utilisée dans l'industrie informatique pour communiquer une vision <127>. Nombre de films prospectifs ont été réalisés afin de mettre en scène des usages pour lesquels les technologies sont au stade de la recherche ou n'existent pas encore. Comme le souligne Bruce Tognazzini, ce moyen de prototypage permet de faire abstraction en grande partie des capacités physiques et logicielles des produits, en devançant parfois leur maturité technologique de plusieurs années. C'est le cas par exemple de la reconnaissance vocale, qui en 1994 venait tout juste d'être introduite sur le marché et restait complexe à implémenter. Cela ne signifie pas pour autant que les

<126>
Kim Goodwin,
*Designing
for the Digital Age*,
Wiley, 2009, p. 308.

<127>
Voir à ce sujet l'étude
de cas dressée
par Bruce Tognazzini,
« The "Starfire" video
prototype project :
a case history »,
Proceeding CHI '94,
*Proceedings
of the SIGCHI Conference
on Human Factors
in Computing Systems*,
pp. 99-105.

technologies n'ont pas fait l'objet au préalable d'une étude rigoureuse. Tognazzini observe que « les interactions techniques aisément accomplies dans un film peuvent être difficiles ou même impossibles à implémenter dans un ordinateur » et que le prototypage vidéo élimine ces limitations. Une vidéo devient plus complexe si elle doit faire appel à beaucoup de post-production (notamment des effets spéciaux) et de montage. Elle montre l'usage en contexte (à travers un scénario). Le format généralement adopté s'étend de 2 à 10 minutes.

Prototypes numériques interactifs

Un prototype numérique interactif est soit codé en HTML/CSS, soit paramétré ou généré à partir d'une solution logicielle spécifique (comme Axure, Marvel, In Vision ou UX Pin).

Prototype HTML

© Ali Zahid

Prototype HTML/jQuery d'un menu de navigation.

Un prototype HTML peut être une démonstration interactive ou un parcours utilisateur, intégrant des interactions basiques et la navigation. Pour ce type de support, on ne développe que les gabarits clés qui sont nécessaires à la réalisation des scénarios de navigation envisagés. De même, seules les interactions comprises dans les scénarios sont représentées. Cela peut nécessiter l'intervention d'un modérateur lors des tests, pour expliquer pourquoi telle ou telle action n'est pas possible si l'utilisateur prend une décision qui sort du cadre du scénario assigné. Pour certains, le prototype HTML peut même se substituer à des interfaces filaires car il communique mieux les fonctionnalités complexes et les implications techniques.

Prototype interactif sans code

© Marvel

Prototype interactif sans code avec Marvel.

Une nouvelle génération d'outils de prototypage sans code a vu le jour, comme Marvel. Le principe consiste à importer dans l'application des images des maquettes de l'interface, à définir des zones de clic ou de tap, à assigner des transitions et des interactions qui permettent de simuler la navigation dans l'interface. Une approche plus low tech peut aussi consister à utiliser Keynote pour réaliser des interfaces filaires haute fidélité et y ajouter de l'hypertexte et des transitions. Pour Marion Buchenau et Jane Fulton Suri <128>, les prototypes se divisent en trois catégories : ceux qui servent à comprendre l'expérience utilisateur et le contexte, ceux qui aident à explorer et à évaluer des solutions de design et enfin ceux qui contribuent à communiquer les idées aux parties prenantes du projet. La meilleure façon de communiquer un prototype au

<128>
Marion Buchenau, Jane Fulton Suri, « Experience prototyping », *Proceeding DIS '00, Proceedings of the 3rd conference on Designing interactive systems: processes, practices, methods, and techniques,* pp. 424-433.

client reste sans conteste de lui proposer une participation active dans l'expérience correspondante, d'explorer en faisant. Il s'agit de permettre aux clients (et aux utilisateurs) d'expérimenter par eux-mêmes, c'est-à-dire subjectivement, plutôt que d'assister à une démonstration ou à l'expérience de quelqu'un d'autre. Ce que rendent possible les prototypes physiques et numériques ou les prototypes numériques interactifs.

Ressources et outils sur les prototypes

Modèles à imprimer pour le prototypage papier

— Browser Sketch Sheets, ‹http://sneakpeekit.com/browser-sketchsheets›
— Free Printable Sketching, Wireframing and Note-Taking PDF Templates, ‹http://www.smashingmagazine.com/2010/03/29/free-printable-sketching-wireframing-and-note-taking-pdf-templates›
— Paper browser, ‹http://www.raincreativelab.com/paperbrowser›
— Sketch Pad, ‹https://popapp.in/sketchpad›
— Sticker UI, ‹http://stickerui.com›
— UI Stencils, ‹http://www.uistencils.com›
— Wireframe Magnets, ‹http://konigi.com/tools/wireframe-magnets-diy-kit›

Pour les ressources d'éléments
d'interface ayant trait
aux interfaces filaires, voir page 236.

Prototypage physique

— Lego Serious Play, ‹http://www.lego.com/fr-fr/seriousplay›
— Paperproto, modèle 3D imprimable pour iPhone 5, 6 et 6 plus, ‹http://paperproto.com›

Prototypes vidéo

— AT&T's Vision of the Future (AT&T, 1993), ‹http://www.dailymotion.com/video/x1n6zg_at-t-s-vision-of-the-future-part-1_tech›

— The Knowledge Navigator (Apple, 1987), <https://www.youtube.com/watch?v=9bjve67p33E>
— Pacific Bell (Pacific Bell, 1991), <http://www.dailymotion.com/video/k6Ouz5XIHkI7DEmkD5>
— Productivity Future Vision (Microsoft, 2011), <https://www.youtube.com/watch?v=a6cNdhOKwiO>
— Starfire (Sun Microsystems, 1994), <https://www.youtube.com/watch?v=rESOIqRApFk>

Ouvrages

— Michael Arent, Jonathan Arnowitz, Nevin Berger, *Effective Prototyping for Software Makers*, Morgan Kaufmann, 2007.
— Bill Buxton, *Sketching User Experiences : Getting the Design Right and the Right Design*, Morgan Kaufmann, 2007.
— Saul Greenberg, SheelaghCarpendale, Bill Buxton, Nicolai Marquardt, *Sketching User Experiences : The Workbook*, Morgan Kaufmann, 2011.
— Brian David Johnson, *Science Fiction for Prototyping : Designing the Future with Science-fiction*, Morgan & Claypool Publishers, 2011.
— Carolyn Snyder, *Paper Prototyping : The Fast and Easy Way to Design and Refine User Interfaces*, Morgan Kaufmann, 2003.
— Todd Zaki Warfel, *Prototyping*, Rosenfeld Media, 2009.

CONCLUSION

La transformation digitale est devenue le lieu commun du discours des entreprises pour décrire les enjeux auxquels elles sont confrontées avec l'accélération du progrès technique. Au-delà des avancées purement techniques, nous assistons à des ruptures d'usage qui questionnent les modèles d'affaire établis. Parmi les domaines les plus transformés par les usages du numérique se trouvent les métiers de la banque, des transports, de la santé, de l'éducation, de la culture, des médias et de l'énergie.

Les nouvelles formes de mobilité en ville offrent de multiples enjeux : une consommation d'énergie mieux maîtrisée, un impact moins important sur l'environnement, plus de sécurité, plus d'intermodalité (= combiner différents modes de transports sur un même trajet), plus d'accessibilité, etc. Ces nouvelles formes de mobilité ne s'appliquent pas seulement à l'industrie automobile, qui connaît une mutation sans précédent, mais concernent aussi bien les transports publics, le transport aérien et maritime que les modes de déplacement alternatifs (autopartage, covoiturage, voiture et vélo en libre-service). Les usages du numérique et l'émergence de nouvelles technologies permettent d'entrevoir une mobilité plus durable, plus intelligente, plus sobre, plus économe... Ils accompagnent aussi l'évolution vers des modes de vie privilégiant une demande de transports plus urbains, plus fréquents et sur des distances plus longues. Les niveaux d'intervention du numérique dans ce domaine sont multiples : conduite assistée, véhicule connecté, capteurs dans l'habitacle, systèmes de guidage et nouveaux services (dont le plus évident est le covoiturage).

Les industries du numérique pour la santé laissent entrevoir des transformations sans précédents pour les patients et les professionnels soignants : diagnostic assisté par ordinateur, traitements à distance, dossier médical numérique. Ces technologies et ces usages modifient les modalités d'accès aux soins, grâce aux capteurs, aux objets connectés et à la robotique. Avec la quantification de soi (*quantified self*), tout un chacun est conduit à mesurer son état de santé.

Dans le domaine de l'énergie, il s'agit moins de maîtriser et de réduire la consommation d'énergie que de faire prendre conscience (à travers des interfaces et des tableaux de bord) et de modifier les comportements des usagers. Ainsi, chez EDF, qui emploie des designers au sein de sa R&D, il s'agit de les amener à « se questionner sur la thématique un peu technique et peu tangible de l'énergie ».

Un potentiel
d'innovation partiellement
accompli

Le design d'interaction dispose d'un vaste potentiel d'innovation qui n'est ni totalement visible, ni totalement exploité par les entreprises. La pratique est encore auréolée d'une image hermétique, en particulier en France. Plusieurs dizaines d'années seront encore nécessaires pour qu'elle se diffuse pleinement.

Pourtant, une centaine de laboratoires de recherche académique ou d'entreprise sont déjà depuis longtemps à pied d'œuvre dans le monde et se saisissent des problématiques qui ont trait aux interactions humain-machine et aux vecteurs technologiques pour une large diffusion. Philips, Microsoft, Disney, Sony ou encore Google font partie des entreprises qui investissent dans le design d'interaction et multiplient les projets. Le MIT Media Lab expérimente dans ce domaine depuis 1985 et fournit des impulsions qui influencent fortement les industries du numérique. Les thématiques qu'ils explorent couvrent la robotique, l'apprentissage automatique (*machine learning*), les interfaces haptiques, les interfaces naturelles, les agents intelligents, la réalité virtuelle... Ces territoires nouveaux, comme l'informatique vestimentaire, les interfaces tangibles ou les agents autonomes et intelligents deviendront des horizons familiers plus tôt qu'on ne l'imagine. Ils sont portés par des techniques d'interaction qui rappellent l'âge dépassé des interfaces graphiques, une technique ancienne de 40 années. Après les lignes de commande et la manipulation indirecte, apparaissent l'interaction en langage naturel, la manipulation directe (avec les interfaces tangibles), l'anthropomorphisme (avec les robots et certains objets connectés) et les interactions organiques (où les interfaces changent mécaniquement leur forme). Cet imaginaire n'est pas en train de naître : il est déjà ancré dans le monde physique et attend de s'incarner dans les produits qui permettront de le diffuser largement, tout comme l'ordinateur personnel fut le vecteur des interfaces graphiques au début des années 1980.

72607 — (I) — OSB 90° — AUT — JME
Imprimerie CHIRAT— 42540 — Saint-Just-la-Pendue
Dépôt légal : mai 2016
Imprimé en France